JN076295

英語教育における自動採点

現状と課題

石井雄隆　近藤悠介＝編

石井雄隆
石岡恒憲
金田拓
小島ますみ
小林雄一郎
近藤悠介
永田亮

Automated Scoring in English Language Education: Its current situation and issues

Edited by Yutaka Ishii & Yusuke Kondo

ひつじ書房

目次

1. 自動採点研究とは？

石井雄隆・近藤悠介

2. 言語テストと自動採点

近藤悠介

3. ライティング評価と言語的指標の関係
―メタ分析による研究成果の統合

小島ますみ・金田拓

4. 学習者コーパス研究と自動採点

小林雄一郎

5. 深層学習に基づいたエッセイの自動採点

永田亮

6. 教室における指導と自動採点

石井雄隆・近藤悠介

7. 自動採点研究のこれから

石岡恒憲

1. 自動採点研究とは？[1]

石井雄隆・近藤悠介

　近年，「読む」，「聞く」能力だけではなく「話す」，「書く」能力の測定・評価がさかんに議論されている．しかしながら，パフォーマンス能力の測定には採点者間の信頼性の担保や人的・時間的コストなどが問題点としてあげられ，そうした問題を軽減・解決するためのひとつの手段として自動採点研究が進められている．自動採点研究は，多くの場合，機械学習と呼ばれる手法を用いて，学習者のパフォーマンス能力を自動で測定することを目的としている．本章では，自動採点研究という領域を概観する．

1.1　社会的背景

　統合イノベーション戦略推進会議は平成 31 年 3 月に人工知能（AI）技術を活用できる人材を年間 25 万人育成することを目的に掲げた．その中には，「文理問わず，AI リテラシー教育を 50 万人に展開」するということも盛り込まれている．また平成 30 年 6 月に閣議決定された第 3 次教育振興基本計画においては，「教育分野においても，AI・ビッグデータ等の新しいテクノロジーを活用したあらゆる取組（EdTech とも呼ばれる）は，リカレント教育を含め，これまでの教育の姿に大きな変化をもたらす可能性」があると言及されている．

　AI 技術を活用した教育研究は今後ますます重視されると考えられるが，自動採点研究も，そのひとつであると考えられる．自動採点研究は，外国語教育，応用言語学，自然言語処理などの知見が必要となる学際領域である．

　最初の作文自動採点システムは Page（1966）により報告されている．当時はコンピュータが一般的なものではなく，また，開発のコストに見合う成果が得られなかったことから自動採点システムの普及には至らなかった．最初の発話自動採点システムは Bernstein, Cohen, Murveit, Dimitry, and Weintraub（1990）により報告されている．90 年代以降になると，いくつかの自動採点システムが開発された．これはコンピュータの普及により，自然言語の分析が研究者個人で行えるようになったこと，学生がコンピュータを用いてエッセイを書く機会が増えたこと，また，外国語教育の文脈においては，知識の有無を問うような試験に加え，パフォーマンス評価にも焦点が当てられるようになってきたことが理由である．2018 年頃から国内においても自動採点システムの実装が盛んに行われている．例えば，日本英語検定協会（2018）は「AI による自動採点実証研究で有意な成果—2019 年度から英検に順次本格導入予定—」というプレスリリースを出しており，株式会社増進会ホールディングス（2019）は，「【Z 会グループ× EduLab】が資本業務提携，AI を活用したスピーキング自動採点の共同研究を開始」というプレスリリースを出している．

　このように，AI・ビッグデータに社会的な注目が集まり，外国語教育においては，学習者の「話す」，「書く」能力の評価の自動化についても関心が集まっており，自動採点研究は技術的にも教育的な文脈においても耳目を集める分野である．

1.2　「話す」，「書く」能力の評価における問題点

　「話す」，「書く」といった産出能力の評価は，「読む」，「聞く」といった受容能力と大きく異なる．産出能力の評価は，受容能力を評価する場合に比べ，かなりのコストがかかる．受容能力の評価では，多肢選択式の問題など採点にあまり時間がかからない項目を用いても妥当性の高い試験を作成することが可能であるのに対し，産出能力の評価においては，採点を効率化できるような項目の作成は困難であることが指摘されている．

　産出能力の評価には時間がかかり，特に「話す」能力の評価では，受験者

が実際に話している時間に加え，多くの場合，受験者の発話は録音され，試験後に評定者はその録音を複数回聞いて評価することになる．それに加えて，「話す」能力は他の能力と異なり，一斉に試験を行うことが困難である．基本的には，試験官が1人あるいは2人の受験者を面接し，個別に評価する．同じ産出能力でも「書く」能力は，問題用紙と解答用紙を一斉に配布し一度に数百人，数千人の試験を実施することが可能となる．「話す」能力の試験の実施にかかる人的，時間的コストは他の能力を評価する試験に比べ膨大となる．また，受験者が試験を受けて，その結果が返されるまでにはある程度の時間がかかり，短い期間で返却される試験の結果と比べると，そのフィードバックの効果に影響が出る．

　さらに，産出能力の評価においてはその評価の信頼性を保つことが重要となる．産出能力の評価は，いわゆる客観式と言われる多肢選択式の項目のみで構成された試験のように誰が採点をしても同じ点数になることが保証されていない．多くの場合，2人以上の評定者が受験者の発話あるいは作文を評価する．これらの評定者の評価が一致しなかった場合，最終的な評価はどのように決定すればよいだろうか．しばしば用いられる方法として，まず初めに2人の評定者が評価を行い，その2人の評価が一致しなかった場合に3人目の評定者が評価を行い，決める方法が存在する．3人の評価がまったく一致しないことは考えにくいが，できるだけ一致した評価が行えるよう評定者を訓練する必要がある．この訓練にもかなりのコストがかかることは容易に想像ができ，さらには，訓練を受けた評定者であっても1日に何十人もの評価を行えば，疲労による影響がまったくないとは言えない (Ling, Mollaun, and Xi 2014)．また，信頼できる評定者を訓練によって育成できたとしても，試験実施機関がそのような評定者を長期的に確保することも簡単ではない．

　「話す」能力の評価を行う評定者にはかなり高い要求がなされる．適切な評価を行う際にはある程度の診断情報が必要な場合がある．例えば，「自己紹介」というタスクを大学生対象に実施した場合，それほど熟達度の高くない受験者であっても "My name is ..." や "I am majoring in Social Science." などといった定型文をある程度の流暢さで発話することが可能で

ある．さらに定型文が多く含まれているので文法的な間違いも少なく，語彙の選択もそれほど間違えることはないかもしれない．何より定型文が多く含まれることで流暢さが保たれ，評価の観点にもよるが，熟達度の高くない受験者でも高い評価を受ける可能性がある．「自己紹介」というタスクではより複雑な文を正確に発話できる学習者とそうでない受験者を見分けることができない．そのため，詳細な評価を与えるためには，試験官は受験者集団の平均的な受験者がある程度の流暢さを保って行えるタスクをはじめに出題し，そのタスクの出来具合によって，より簡単な / 難しいタスクを出題し，受験者の「話す」能力を即座に診断的に評価しなければならない（もちろん，「話す」能力の評価においても合格 / 不合格のみを判定する試験においてはこのような診断情報は必要ない）．これは紙に解答を記入することで測定することが可能な他の能力とは，大きく異なる点である．例えば，文法的知識を問うような試験では，難易度の異なる問題を同時に出題することができるので，正解 / 不正解の数がそのまま診断情報になる[2]．

このように産出能力を評価することには，解決しなければならない問題がいくつも存在する．高い信頼性を保って「話す」，「書く」能力の評価を行うことは，ここまで指摘した問題を考慮すると，かなり困難であることがわかる．例えば，1 クラス 40 人の学級が 5 クラスある高校の生徒全員の「話す」能力の評価を行おうとした場合でも，教員への負担は相当なものになることは明らかである．

これまで述べてきた産出能力の評価に関する問題を整理する．

1. 試験の実施，評価に人的，時間的コストがかかる．
2. 評価の信頼性を保つことが困難である．
3. 評定者の訓練に人的，時間的コストがかかる．
4. 訓練した評定者を長期間確保することが困難である．
5. 「話す」能力を評価する評定者には高い能力が必要である．

こうした問題点を解決するためのひとつのアプローチとして自動採点研究が考えられる．自動採点システムは，評価がすでに付与されている大量の学

習者の作文，発話を基に，コンピュータを用いて学習者のパフォーマンスを
測定し，かつ評価を予測する特徴量を見つける（例えば，語数や無音ポーズ
の長さなどが用いられる）．そして，評価が付与されていない作文や発話に
おいてすでに見つけた評価を予測する特徴量を測定し，この特徴量を用いて
評価を決定するというのが自動採点システムの仕組みとなっている．このよ
うな仕組みの自動採点システムで人間による評価との一致度がかなり高いも
のがすでに運用されている（例えば，Yoon and Zechner 2017）．

　自動採点システムを導入することによって，上述の1から5の問題を解
決できるだろうか．1に関しては，コンピュータが採点するので人的，時間
的コストはかなり減少する．しかしながら，受験者1人につき1台のコン
ピュータが必要になるのでそのコストがかかる．スマートフォンなどで受験
できるような試験にすれば，そのコストも下げることができるが，その場
合，顔認証による本人確認（川又・赤倉 2019）やその他の不正行為を防止す
る仕組みも実装しなければならない．2に関しては，コンピュータは常に一
定の点数を算出するのでこの問題は解決できると言える．3，4，5に関して
は，問題となっている評定者はコンピュータであるため，一度構築してしま
えば，構築の際にかかるコストは必要であるが，その後訓練の必要もない．
強いて言えば，コンピュータの保守，点検作業がコストとしてかかるので，
このコストが完全になくなるとは言えない．自動採点システムはデータを収
集したり，予測の方法を検討したりと構築の際にかなりのコストがかかる
が，一度構築してしまえば，人間が評価を行う場合に比べてかなり少ないコ
ストで試験が行える．

1.3　自動採点研究概論

1.3.1　自動採点の考え方

　計量文献学という分野がある．文章から抽出される特徴量を用いて文献の
分析，比較を行う分野である．この分野では，著者が分からない文章の著者
を推定する著者推定という問題がある．例えば，「『源氏物語』は，著者が紫
式部だけではないのではないか」という疑問がこの分野で古くから議論され

てきた(安本 1958)．文章には書いた人の筆跡と同様個人差が現れる．各品詞の頻度や句読点の位置などが個人差が現れる特徴量とされている．その中でも文長は個人差が大きく現れるものと言われている．ここで言う文長とは，ひとつの文を構成する文字数あるいは単語数のことを指す．外国語教育の文脈では，この文長は習熟度を捉える特徴量のひとつと考えられている．習熟度の高い学習者は習熟度の低い学習者に比べ，長い文を産出できると言う前提は妥当なものであろう．さらに言えば，一般的に母語話者は学習者に比べ長い文を産出するであろう．

　Nagoya International Corpus of English(杉浦 2011)には英語学習者と英語母語話者が書いた作文が収録されている．図 1 は，このコーパスの英語学習者と英語母語話者の文長の分布を示したものである(ここでの文長は文を構成する語の数を用いている)．横軸は文長，縦軸は全体におけるその長さの文が出現した割合を示す．

　英語母語話者が書いた作文には 20 語前後で構成されている文が最も多く，英語学習者のピークはそれより若干左によっている．また，英語学習者のピークは英語母語話者に比べるとかなり高く，ばらつきの範囲もかなり狭い．実際に，英語学習者の平均値は 15.5(標準偏差は 8.0)，英語が母語話者の平均値は 21.7(標準偏差は 12.7)である．

　図 2 は，このコーパスに収録されているある作文の文長の分布を示している．この作文は 32 文で構成されている．この作文は英語母語話者が書いた

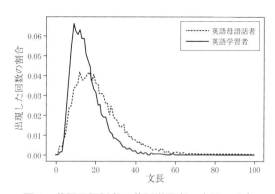

図 1　英語母語話者と英語学習者の文長の分布

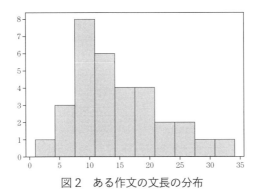

図2　ある作文の文長の分布

ものであろうか．あるいは，英語学習者が書いた作文であろうか．筆者らは
正解を知っているが，ここでは正解を知らないものとして，図1が示すデー
タを元に図2で示された作文の執筆者(英語母語話者か英語学習者か)を予測
することにしよう．図2から分かることは，この作文は10語程度で構成さ
れている文が最も多く，35語以上で構成されている文は出現しないという
ことである．図1を参照すると，この作文の特徴は英語学習者の作文の特徴
とかなり似ているので，この作文は英語学習者が書いたものであると判断す
ることが妥当である．

　実際に，この作文は英語学習者によって書かれたもので，ここで行った文
長の分布による予測は正しかった．もちろん，かなり熟達度の高い英語学習
者の作文の文長の分布は英語母語話者のそれに似てくるので，文長の分布の
みを用いた予測は簡単ではない．その場合，例えば，特定の単語の頻度な
ど，予測に寄与しそうな特徴量を加えて予測することにより精度が上がる場
合もある．

　本書で対象とする自動採点システムは基本的に書き手あるいは話し手の熟
達度を予測するもので，母語話者かそうでないかを予測するものではない
が，今，ここで我々が行った，図1を参照して図2で示された作文の執筆
者を予測するということが自動採点システムの基本的な仕組みである．コン
ピュータは，ラベル(熟達度，ここでは母語話者か学習者か)ごとに既存の
データから熟達度を予測できそうな特徴量を抽出する．ラベルがついていな
いデータからその特徴量を抽出し，既存のデータと照らし合わせてラベルを

決定する．この「既存のデータと照らし合わせてラベルを決定する」という
プロセスにおいて，機械学習の手法が用いられる．もう少し具体的な説明は
第2章および第5章を参照されたい．

1.3.2 自動採点研究の現状と課題

　自動採点研究の利点は，大きく分けて2点存在する．1点目は，大量の学
習者のパフォーマンスデータを一斉に評価することができる点である．人手
による評価は，前述の通り，とても時間がかかるため，その問題を解決する
ことが可能となる．

　もう1点は，一貫した評価が行える点である．石岡・亀田(2003)による
と，測定において生じる誤差要因には下記のようなものが存在すると言われ
ている．

書き手，題目，形式，制限時間，テスト状況，評定者
文字の巧拙
評定の系列的効果
課題選択
その他(書き手の性別，人種など)

　人間による評価において生じやすいこういったさまざまな誤差要因を自動
採点は防ぐことができる．これら2点が自動採点研究の大きな利点と言え
る．

　次に作文の自動採点の現状について論じる．本章では Educational Testing
Service で開発された e-rater 2.0 を紹介する．e-rater は，下記12個の変数
を基に作文を自動で評価する．

1. 総語数に対する文法エラーの割合
2. 総語数に対する語の使用法についてのエラーの割合
3. 総語数に対する手順のエラーの割合
4. 総語数に対するスタイルについてのエラーの割合

5. 必要とされる談話要素の数

6. 談話要素における平均語数

7. 作文を 6 点法で採点する際に語彙の類似度が一番近い点数

8. 最高点を取った作文との語彙の類似度

9. Type-Token Ratio

10. 語彙の困難度

11. 平均単語長

12. 総語数

（Burstein, Chodorow, and Leacock 2004）

　これらの変数を基に重回帰分析と呼ばれる手法を用いて，作文を自動で評価する．重回帰分析とは，複数の変数を基に別のひとつの変数を予測する統計的な手法で，ここでは上述した 12 個のカテゴリーの言語的特徴から作文の評価と言うひとつの変数を予測する．

　e-rater はどれくらいの精度で学習者のライティングを評価することができるのだろうか．Burstein et al. (1998) によると，専門家と e-rater の評価の一致率は，87% から 94% であったと報告されている．また e-rater を用いている Criterion というサービスでは，英語学習者の作文を自動で採点し，診断的なフィードバックを返すことも可能になっている．

　スピーキングの自動採点はどうなっているのだろうか．スピーキング自動採点の現状について近藤・石井 (2017) を例に挙げながら検討する．

　スピーキングの自動採点を考える際に重要になってくるのが，音声認識である．受験者がどの単語を発話したかをコンピュータが認識しなければならない．Zechner, Higgins, Xi, and Williamson (2009) が報告している SpeechRater の例では，学習者の単語の約半分程度しか認識できないと報告されていた．しかしながら，TOEFL Junior で利用されている SpeechRater は発話が制限されているということもあり，タスクによって認識率は異なるが，約 70% から 90% の精度で学習者の音声が認識できる (Evanini, Heilman, Wang, and Blanchard 2015)．

　近藤・石井 (2017) では，日本人英語学習者の発話を自動で採点するため

のシステムを構築し，英語教育プログラムにおける自動採点の実現可能性について検討した．このシステムでは，学習者の発話をある程度制限するために，談話完成タスクを用いた．談話完成タスクとは，下記のようなタスクを指す．

You (A) want to end your conversation. What would you say in the conversation below?

A:　（　　　　）.

B:　See you.

（近藤・石井 2017）

　人間の評価者による点数とシステムが算出した点数は 74% が一致しており，また本システムの単語認識率は 71% であった．この結果から，発話の自由度をある程度制限することで，比較的高い精度で実用可能なレベルの発話自動採点が行えるということが分かった．

　このように自動採点は大きな可能性を秘めている．しかしながら，大きく分けて 2 つの問題点がある．

　1 点目は，コンピュータは学習者のパフォーマンスを理解することはできないという点である．コンピュータは人間が評価をする際に用いている全ての要素を自動で計算することはできない（Xi, Higgins, Zechner, and Williamson 2008）．

　2 点目は，大量のデータが必要となるということである．先述のとおり，自動採点システムの構築には，評価がすでに付与されている学習者の作文，発話が必要である．ある特定のタスクを自動採点にするにはそのタスクの作文，発話が必要で，別のタスクを自動採点にするためにはそのタスクの作文，発話が必要となる．例えば，写真 A を口頭で描写するタスクを自動採点するシステムを構築し，写真を A から B に変えようとした場合，その写真 B で口頭描写をした受験者の発話が必要で，さらにその発話に評価を付与する必要がある．つまり，タスクごとに使用される単語や予測に使用される特徴量が異なるので，あるタスクで構築した自動採点システムは他のタ

スクでは使用できない．同じ形式のタスクでもタスクの難しさや期待される回答によって評価を予測できる特徴量は異なる可能性が高いことが考えられる．あるタスクで評価を予測できる特徴量でも他のタスクではそうではない場合がしばしば存在する．

　これは実際の試験に自動採点を導入する場合において大きな問題となる．同じタスクを繰り返し出題しても良い試験であれば問題ではないが，入学試験，検定試験などでは，公平性を考慮して，同じタスクを繰り返し出題しないものもある．この場合，新たなタスクを作成するたびに自動採点システムを構築しなければならない．自動採点システムは，人間の評定者に比べて評価が安定するという利点はあるが，新たなタスクを作成するたびに新たなシステムを構築するのでは人間の評定者を毎回訓練するのと同じようなことになってしまい，自動採点システムの利点が活かせない．

　今後の自動採点システムの研究の課題として，未知のタスクにおいても信頼性の高い評価が得られるシステムの構築が望まれる．しかし，これは人間にとってもかなり難しいことである．「話す」能力の評価を行ったことはあるが，扱ったことがないタスクを用いて評価を行うことは人間にとってもかなり難しい．この問題を解決することによって自動採点の研究は次の段階に進むと考えられる．また，この研究の過程で人間の評定者がある評価を行う際の意思決定についてもさまざまなことがわかると期待される．

1.4　本書の構成

　本章で述べたように，自動採点とは，受験者の解答を機械が採点することである．受験者が多肢選択式の問題の解答をマークシートに記入し，それを機械が採点することも自動採点であるが，本書が扱う自動採点は，受験者の書き言葉，話し言葉を機械が採点する自動採点を指す．本書の各章で扱う話題のほとんどが外国語のパフォーマンステストにおける自動採点を指すが，日本語の自動採点も含まれている．本書の各章で扱っている内容が自動採点研究において占める位置を明確にすることを目的に，自動採点の仕組みを示しながら，各章の内容を紹介する．

　まず，テストそのものを作成する過程が必要である．どのような能力を測定することを目的とし，どのようなタスクを用い，どのような評価基準を用いて受験者のパフォーマンスを評価するかなどが検討されなければならない．多くの自動採点研究の場合，既にテストは作成され，運用されていることがほとんどで，採点が機械で行われることを前提としてテストが作成されることは少ない．そのため，テストの設計そのものが自動採点研究に含まれることはあまりないが，自動採点システムを構築するにあたり，テストで測定しようとしている能力など，テストの設計は考慮すべきことである．自動採点システムの多くは工学分野(自然言語処理，音声工学)の研究者によって開発されており，開発者と言語テストの専門家との協働が待たれるところである．このことについては第2章(近藤)で論じられている．

　自動採点システムの構築において学習者のパフォーマンスから抽出した特徴量の中から評価(習熟度)をよく予測するものを見つけることが重要であるが，これは学習者のパフォーマンスをどのように誘出したかに大きく依存する．第3章(小島・金田)では，ライティングに関するさまざまな研究結果をメタ分析という手法を用いて統合し，評価とライティングのパフォーマンスから抽出される特徴量の関係について論じる．書き言葉の自動採点とライティングに関する研究は強く関連しているが，それぞれ独立して研究が進んでおり，自動採点研究の今後の発展においてライティング研究からの示唆は有益である．

　先述のように，自動採点システムを構築するためには，自動採点システムを導入しようとしているテストにおける受験者のパフォーマンスとそのパフォーマンスに付与された評価が必要である．実用化を目的とした，自動採点を前提としたテストを開発する場合は，自らテストを設計し，学習者のパフォーマンスを収集し，評価を付与する．一方で，この学習者のパフォーマンスの集積を学習者コーパスと呼び，集積された大量のデータを対象とした学習者コーパス研究という分野があり，自動採点研究においてもこの学習者コーパスを利用する場合が多い．学習者コーパスでは，話し言葉であれば，その音声と書き起こしが含まれ，書き言葉であっても，パフォーマンスそのものだけでなく，品詞，構文情報，さらには文法的な誤りに関する情報など

が含まれていることもある．学習者コーパス研究は，パフォーマンスから抽出された特徴量から学習者の発達段階を記述することを目的とする．自動採点システムにおいては，習熟度を学習者のパフォーマンスから抽出された特徴量を用いて予測するため，自動採点システムの構築において学習者コーパス研究の知見は重要である．学習者コーパス研究に関しては第4章(小林)で詳しく扱っている．

　自動採点システムとは，すでに評価が付与されている作文，発話から特徴量を抽出し，特徴量を用いて評価が付与されていない作文，発話の評価を予測することであり，この予測に機械学習の技法が用いられる．近年の人工知能の流行に伴い，さまざまな技法が提案されている．第5章(永田)では，機械学習の観点から自動採点システムを説明し，2019年現在においても多くの注目が集まる深層学習という技法を用いた自動採点に関して紹介する．

　実用化された自動採点システムはどのように利用され，受験者を始めとするテストの利害関係者からどのような反応が得られているのか．テストは利害関係者の反応をもとに改善されるべきであり，利害関係者の反応が新たな研究を生む．第6章(石井・近藤)では，実際の教室における指導と自動採点システムの利用について扱う．

　機械学習，人工知能の発展に伴い，自動採点システムはさまざまなところで実用化されている．第7章(石岡)では，パフォーマンス評価の近年の動向を紹介し，外国語教育のみならず，さまざまなテストにおける最新の自動採点研究を紹介する．

　本書の各章はそれぞれの著者が独立して執筆したものであるため，どの章から読み始めても問題はない．

　自動採点研究は言語テストや人工知能などさまざまな領域が複合的に含まれる学際領域である．本書をきっかけに，人工知能や言語テストへの理解が深まり，またこの分野の研究に関心を持つ方が増えることを期待する．

注
1　本章は，『CHART NETWORK』84 号に掲載された「英語教師が知っておきたい
　　ICT とテストの話」(石井雄隆) 及び『CHART NETWORK』85 号に掲載された「「話
　　す」，「書く」能力の評価と自動採点の可能性」(近藤悠介) を基に，大幅に加筆
　　修正を行ったものである．
2　パフォーマンス能力から診断的情報を検討した研究としては Kim (2011) などが
　　存在する．

参考文献

石岡恒憲・亀田雅之 (2003)「コンピュータによる小論文の自動採点システム Jess の
　　試作」『計算機統計学』16 (1)：pp.3–18.

株式会社増進会ホールディングス (2019)「【Z 会グループ × EduLab】が資本業務提
　　携，AI を活用したスピーキング自動採点の共同研究を開始」<https://www.zkai.
　　co.jp/post-7275/>2020.1.12

川又泰介・赤倉貴子 (2019)「e-Testing における Web カメラとペンタブレットを用い
　　た逐次受験者認証システムの開発」『電子情報通信学会論文誌 D』J102-D (3)：
　　pp.163–172.

近藤悠介・石井雄隆 (2017)「英語学習者の発話自動採点システムの開発と英語教育
　　プログラムへの導入可能性の検討」『Language Education & Technology』54：
　　pp.23–40.

杉浦正利 (2011)「言語習得研究のための学習者コーパス」藤村逸子・滝沢直宏 (編)『言
　　語研究の技法』ひつじ書房，pp.123–140.

日本英語検定協会 (2018)「AI による自動採点実証研究で有意な成果—2019 年度
　　から英検に順次本格導入予定—」<https://www.eiken.or.jp/eiken/info/2018/
　　pdf/20181017_pressrelease_aisaiten.pdf>2020.1.12

安本美典 (1958)「文体統計による筆者推定—源氏物語 宇治十帖の作者について—」『心
　　理学評論』2 (1).

Bernstein, Jared., Cohen, Michael., Murveit, Hy., Rtischev, Dimitry., and Weintraub,
　　Mitchel. (1990) Automatic evaluation and training in English pronunciation.
　　*Proceedings of the International Conference on Spoken Language Process-
　　ing* pp.1185–1188.

Burstein, Jill., Chodorow, Martin., and Leacock, Claudia. (2004) Automated essay
　　evaluation: The Criterion online writing service. *AI Magazine* 25(3): pp.27–36.

Burstein, Jill., Kukich, Karen., Wolff, Susanne, L, C., Chodorow, Martin., Braden-Harder, Lisa., and Harris, Mary D. (1998) Automated scoring using a hybrid feature identification technique. *36th Annual Meeting of the Association for Computational Linguistics and 17th International Conference on Computational Linguistics* pp.206–210.

Evanini, Keelan., Heilman, Michael., Wang, Xinhao., and Blanchard, Daniel. (2015) *Automated scoring for the TOEFL Junior Comprehensive Writing and Speaking test* (Research Report No.RR-15-09). Princeton, NJ: Educational Testing Service.

Kim, Youn-Hee. (2011) Diagnosing EAP writing ability using the reduced reparameterized unified model. *Language Testing* 28(4): pp.509–541.

Ling, Guangming., Mollaun, Pamela., and Xi, Xiaoming. (2014) A study on the impact of fatigue on human raters when scoring speaking responses. *Language Testing* 31: pp.479–499.

Page, Ellis, B. (1966) The Imminence of... Grading Essays by Computer. *The Phi Delta Kappan* 47(5): pp.238–243.

Xi, Xiaoming., Higgins, Derrick., Zechner, Klaus., and Williamson, David M. (2008) *Automated Scoring of Spontaneous Speech Using SpeechRater v1.0* (Research Report No. RR-08-62). Princeton, NJ: Educational Testing Service

Yoon, Su-Youn., and Zechner, Klaus. (2017) Combining human and automated scores for the improved assessment of non-native speech. *Speech Communication* 93: pp.43–52.

Zechner, Klaus., Higgins, Derrick., Xi, Xiaoming., and Williamson, David M. (2009) Automatic scoring of non-native spontaneous speech in tests of spoken English. *Speech Communication* 51: pp.883–895.

2. 言語テストと自動採点

近藤悠介

テスト開発者は，テストのスコアがどのように算出されるか，算出された
スコアにはどのような意味があるかなどをテスト実施者，受験者をはじめ
としたテストの利害関係者に説明する義務がある．自動採点は，受験者の
パフォーマンスから数種の特徴量を抽出し，これらの特徴量を用いて A, B,
C といった評価，あるいは点数を算出するものである．特徴量の選択には明
確な基準はなく，テストの目的，パフォーマンスのどの側面に注目するかに
より大きく異なる．本章では，Bachman and Palmer (2010) によるテスト開
発，実施に関する提案に基づき，パフォーマンステストへの自動採点導入に
ついて考える．

2.1　言語テスト開発と実施

外国語のテストの目的は受験者の能力を把握し，何らかの決定を下すこと
である．外国語のテストと聞いて最初に思い浮かぶのは，中学校や高校にお
ける中間テストや期末テストであろう．これらのテストは授業を前提として
おり，テストの点数は，授業内容を理解し，どの程度使用できるかを評価す
るための 1 つの情報として使用される．テストの点数は受験者がどの程度授
業内容を理解したかという指標であるため，テストでは授業で行なった活動
に近い形式を用いて，授業で扱った内容が出題されなければならない．この
目的を達成するために，Bachman and Palmer (2010) では，テストの開発，
実施を以下の 4 つの段階に分けている．

1. テストの記録
テストにおける受験者のパフォーマンスを記録する方法（記述式，点数，段階評価など）

2. 解釈
テストの記録を参照して，受験者の言語能力に関する解釈（X 点以上であれば「Y を十分に使える」などという解釈）

3. 決定
解釈に基づいて下す決定（補習を行う学生を決めるなど）

4. 結果
上記の「決定」がテストの利害関係者にもたらす影響

Bachman and Damböck (2018) に基づき，大学 1 年生を対象とした英語科目のテストについて考えてみよう．授業では，いくつかの製品についての情報を収集し，機能や売り上げなどに関するデータをまとめ，どの製品が最良のものかをグループで議論したとする．議論の前にはこのような議論において使用される表現を学ぶ．この授業に関して，教員は個別に受講者を呼び，授業で扱った製品と類似した製品のデータを提示し，それに関して受講者に口頭で要約，意見を述べさせるテストを行ったとする．このテストに関して上記の 1 から 4 について考えてみよう．

まず，テストの記録において，テスト開発者は，文法，語彙，発音の正確性や主張の説得力など評価の観点を選択しなければならない．これは授業において，どのような学習目標が設定されたかに大きく依存する．次に，この観点について A，B，C のような段階で評価するのか 50 点満点のようなスコアで評価するかを選択しなければならない．これはこのテストにおける受講者のパフォーマンスをどのように捉えたいかという目的による．受講者にフィードバックを与えることが主たる目的であれば，選択した評価の観点それぞれ

において授業の内容を前提とした達成度合いを記述することもありえる.

　得られた評価あるいは点数は解釈されなければならない.「X 点以上であれば Y に関して十分な能力を持っている」,「すべての観点で X 以上であれば Y を十分に行える」と言った評価, 点数の解釈である. そして, この解釈に基づいて決定を下さなければならない. 大学の英語科目であれば, 次のレベルの科目に進んで良いかあるいは同じ科目を再度履修すべきかの決定である. 最後に, この決定がテスト利害関係者に与える影響を考慮しなければならない. テストの利害関係者とは, 授業, テストを実施した教員, テストの受験者, 次の科目を担当する同僚の教員などが想定される. 場合によっては, 受験者の保護者や大学の執行部が含まれる場合もある. ここで例として用いた大学の英語科目における影響とは, まず, 受講者が授業で目的とした言語能力を習得しているかどうかを受講者自身に知らせ, その後の学習に役立つような情報をテストが与えているかどうかということである. さらに, テストに基づいて下された決定(科目の再履修など)が与える影響も考慮しなければならない. 例えば, 再履修が決定した受講者の数が多ければ, 翌年度のクラス編成を変更しなければならず, この場合は大学の執行部もこのテストの利害関係者に入る可能性がある.

　ここまで述べたように, テスト開発, 実施においては考慮しなければならないことはいくつもあり, ここでは大学の英語科目を例として用いたが, 大学入試やより一般的な英語の能力が評価される検定試験においても同様のことが言える. 日本の大学入試であれば, 上述の例における授業を学習指導要領と読み替えることでこの 4 つの段階からテストを検討することができる. 大学入試では学習指導要領を大きく逸脱する内容を問うことはできない. どのような能力を持つ者に入学許可を与えるか, 入学許可という決定が大学入試の利害関係者に与える影響を考慮しなければならない.

　また, これら 4 つの段階には十分に検討された根拠が必要である. 例えば, ある大学の英語の入試において, どのような英語の能力を持つ者に入学を許可するかは, アドミッションポリシーやカリキュラムに照らし合わせて検討する必要がある. また, これら 4 つの段階は前後の段階を前提としている. テストにおける評価や点数は, これらを利用して下そうとしている決定

を考慮せずに決めることはできない．テストの情報を用いて下す決定は，それが利害関係者に与える影響を予想して下さなければならない．反対に，利害関係者に良い影響を与えるためにどのような決定を下せば良いかを考え，その決定にはテストにおける評価，点数をどのように解釈するかという根拠を伴う必要がある．

　ここで例として挙げた大学の英語科目では大きな問題になる場合は少ないが，根拠という点で最も重要なことは，評価，採点の妥当性，信頼性である．テストにおける妥当性とは，テスト実施者が評価，測定しようとしている受験者のパフォーマンスが正しくスコアに反映されているかというテストの性質の度合いを指し，テストの信頼性とは，評定者が異なること，受験のタイミングなどによってスコアが変動しないというテストの性質を指す．受験者のパフォーマンスは評価に正しく反映されているのか，同じパフォーマンスには同じ評価を与えているかということが確認される必要がある．教員が単独で行っている授業ではこのことを確認することが困難であるが，統一カリキュラムで複数の教員が複数のクラスを担当する科目では，評価の妥当性，信頼性の検証が必要とされる場合もある．評価の妥当性，信頼性は先述のテスト開発の過程における根幹である．妥当性，信頼性の低い評価からは間違った解釈が導かれるであろう．間違った解釈に基づいた決定を正しいと主張することはできない．この妥当性，信頼性を確実にするために，受験者のパフォーマンスを評価する場合，特に検定試験などの場合は，評定者に対して訓練を行い，基準を満たした者のみを実際のテストで評価を行う者として採用する．第 1 章で述べたように，自動採点とは，人間が行なっている評価を機械が代わって行うことである．では，自動採点においてはどのように妥当性，信頼性を保証するのか．

2.2　スコアに基づく主張

　英語のリスニングテストで /l/ と /r/ の聞き分けの能力を評価する場合を考える．/l/ と /r/ だけが異なる単語 A と B を AAB，AAA の順番で放送し，最初の 2 つの単語と最後の単語が同じであれば○，異なれば×と記入する．

このテストを用いて受験者が /l/ と /r/ の聞き分けの能力を有していると判断するためには，何問出題しそのうち何問正解すれば良いか．受験者がランダムに回答している場合，1 問出題して 1 問正解する確率は 1/2，2 問出題して 2 問正解する確率は 1/2 × 1/2 で 1/4 となる．このテストで受験者がランダムに回答した際のスコアは，二項分布という分布に従うことが分かっている．以下の式を用いることによってランダムに回答した場合の正解率が求められる．k は正解数，n は総問題数，p は正解確率である．このテストは正解が○と×のどちらかでランダムに解答した場合を想定しているので正解率 p は 0.5 とする．

$$P[X = k] = \left(\frac{n!}{k!(n-k)!}\right)p^k(1-p)^{n-k}$$

（式 1）

以下のように，この式に総問題数 $n = 10$，正解数 $k = 3$ とすると得られる確率は 0.11 である．これは 10 問出題し，/l/ と /r/ の区別が全くできない受験者がランダムに○か×を解答用紙に記入して 3 問正解する確率である．

$$P[X = 3] = \left(\frac{10!}{3!(10-3)!}\right)0.5^3(1-0.5)^{10-3}$$

（式 2）

図 1 はこの○×形式の問題 20 問にランダムに解答し，10 問から 20 問正解する確率を示している．

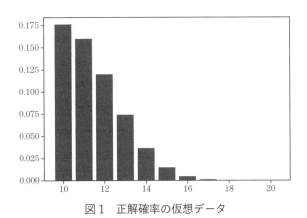

図 1　正解確率の仮想データ

さて，このテストにおいて何問正解していれば /l/ と /r/ の聞き分けができ
ていると判断できるだろうか．ここまで計算してきた確率を用いて考えてみ
る．図1に示されているように，ランダムに解答して15問正解する確率は
約1%である．言い換えれば，このテストで15問正解するということは，
ランダムに解答した可能性がかなり低いということである．つまり，15問
正解した受験者は偶然ではなく，/l/ と /r/ の聞き分けができるので15問正
解したと主張できる．

　このテストを用いて下す決定を /l/ と /r/ の聞き分けができる受験者とそう
でない受験者に分け，/l/ と /r/ の聞き分けができない受験者には再度聞き分
けの訓練を行うこととした場合，このランダムに解答した場合の正解数の確
率を判断基準とすることができる．14問正解した受験者と15問正解した受
験者にどのような違いがあるかという問いには答えることはできないが，こ
の正解数に関する確率を用いることによって，テスト作成者は利害関係者に
明確な基準を示すことが可能である．Bachman and Palmer (2010) のテスト
の開発段階に基づいて考えると，このテストでのパフォーマンスは点数で記
録され，その解釈は上述の確率に基づいて行われるということになる．この
解釈に基づいて，/l/ と /r/ の聞き分けができる受験者とできない受験者に分
け，それぞれ異なる処遇を行うという決定を下す．結果として，/l/ と /r/ の
聞き分けができる受験者は次の項目に進み，/l/ と /r/ の聞き分けができない
受験者はもう一度同じ項目の練習をする．

　一方で学習者のパフォーマンスを評価する場合，点数，評価は人間の評定
者によって決定される．この場合，その根拠を明示することが困難な場合が
ある．A，B，Cの3段階の評価において「なぜ私がBなのか」と言う受験
者からの質問に答えることは難しい．また，パフォーマンス評価においては
稀であるが，100点満点で採点する場合に85点と84点の違いを説明するこ
とはほとんど不可能である．「なぜ私はBなのか」と言う質問に答えること
の代替として，テスト開発者，テスト実施者が示すのは，評定者の訓練が十
分に行われていること，1人の評定者ではなく複数の評定者によって評価が
行われ，その評価が一致していることを示すことが一般的である．受験者の
パフォーマンスの特徴を評定者が捉え，評価に変換すると言う作業を行なっ

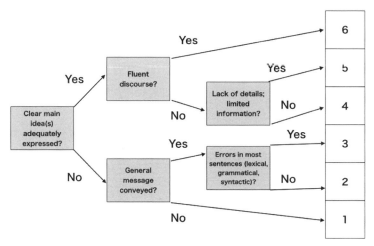

図 2　Turner and Upshur（2002）の EBB 尺度

ているはずであるが，受験者のパフォーマンスにおいてどのような特徴量に注目し，どのような基準で評価を決定しているのかは分からない．

　Evaluation derived Binary-choice, Boundary-definition（EBB）尺度（Turner and Upshur 1996）では，上述した評価の過程を可視化し，「なぜ私は B なのか」というような問いに答えることがある程度できる．この評価尺度では，評定者が，設定された質問に対し "Yes" か "No" で答えることによって最終的な評価を決定する．上の図は Turner and Upshur（2002）で使用された EBB 尺度である．

　図 2 に示された EBB 尺度を用いて評定者は，受験者のパフォーマンスを観察しながら，最も左にある質問から順番に答えていき，最終的な 6 段階評価のいずれかにたどり着く．この尺度を用いると評価を決定した過程を受験者にある程度説明することができる．この図にある Fluent discourse がどの程度流暢なものなのかは評定者個人の感覚であるので説明ができない場合もあるが，それでも評価の過程が段階的に分けられていることから説明可能性は上がり，評価の妥当性は上がる．つまり，評価，測定しようとしている能力を分けることによって妥当性の根拠を示している．

　ここで注目すべきは，前節で述べたスコアの解釈においてどのような根拠

を示すか，あるいは，何を根拠とするかという問題である．本節冒頭の /l/
と /r/ の聞き取りテストにおいては，確率を根拠にスコアを解釈したが，こ
れに比べるとパフォーマンステストにおけるスコアの解釈は明確な根拠を示
しているとは言い難い．

2.3 　自動採点のモデル

　資格試験の準備講座を行い，その最後に対象となる資格試験の模擬試験を
行うとする．模擬試験の点数により合格する確率が低い受講者は実際の資格
試験の前にさらに特訓講座を受講させ，合格する確率が高い受講者は特訓講
座を受講させないこととする．この「合格する確率」は，過去のデータを参
照し，モデルを構築し，構築したモデルに模擬試験の点数を入力することに
より得ることが可能となる．過去のデータでは，受講者の模擬試験の点数と
当該の資格試験の合否の情報が得られるとし，模擬試験の点数と資格試験の
合否には強い関連性があるとする．また，資格試験のための模擬試験である
ため，模擬試験の点数が高いことは，資格試験に合格する確率が高いであろ
うという前提があるとする．このような場合，新たな模擬試験の点数が得ら
れ，その受講者の合否を予測するためには，しばしばロジスティック回帰と
いうモデルが利用される．ロジスティック回帰のモデルを以下に示す．

$$p = \frac{1}{1 - e^{-(ax+b)}}$$

（式3）

　模擬試験の点数を x とし，合格する確率 p とした場合のモデルである（e
は自然対数の底）．式内の a は重み，b は定数と呼ばれ，過去のデータの合
否と模擬試験の点数によって求められる．a を2.2，b を1.2とした場合のグ
ラフを以下に示す．

　図3の横軸は標準化された模擬試験の点数，縦軸は合格確率とする．模
擬試験が平均点以上であれば，合格確率は50%以上になる．偏差値で言え
ば60以上の受講者の合格確率はほぼ100%である．どの程度の合格確率を
持つ受講者に特訓講座を受講させるかという判断はこの講座の実施責任者に

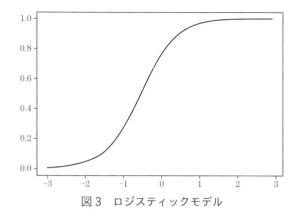

図3　ロジスティックモデル

委ねられるが,「過去のデータと照らし合わせて合格確率が○○ % なので特訓講座を受講した方が良い」,「模擬試験の点数があと○○点上がれば合格する確率が○○ % 上がる」という助言は受講者にとっても分かりやすいものであろう.

　上述の例で合否の予測に用いた値は1つの模擬試験の点数のみであったが, 資格試験の分野ごとに分けた模擬試験を複数行い, それらの点数を予測に用いることも可能である.

$$p = \frac{1}{1 - e^{-(a_1 x_1 + a_2 x_2 + a_3 x_3 + b)}}$$

（式4）

　この場合, それぞれの模擬試験の点数が標準化されていれば, 得られた重み(a_1, a_2, a_3)はそれぞれの模擬試験（分野）の相対的な重要度として比較することができ, また, それぞれの模擬試験の点数が合格する確率に与える影響の大きさも知ることができる. 重みが大きければその模擬試験の点数が上がることによって合格確率は大きく上がり, 重みが小さければ, その模擬試験の点数が上がることによる合格確率の変化はあまりみられないということになる.

　このように, 既存のデータにモデルを当てはめ, 新たなデータに関する予想をする場合, 機械学習（教師あり）の技法が利用される. 本節で紹介したロジスティック回帰もその技法の1つである.

　パフォーマンステストの自動採点においてもこのロジスティック回帰をモデルとして利用することが可能である．自動採点の場合は，合否の予測に用いる値が模擬試験の点数ではなく，受験者のパフォーマンスから抽出される特徴量(語数，文法的誤りの数など)になる．過去において，合格，不合格というラベルが付与された作文があり，その作文からいくつかの特徴量を得られるとする．すると，上述のロジスティック回帰の式では，x に語数や文法的誤りの数が入り，p はそのパフォーマンステストに合格する確率となる．ロジスティック回帰を自動採点のモデルとして採用した場合，通常 p が 0.5 以上であれば合格，0.5 未満であれば不合格とする．

　ロジスティックモデルを採用した自動採点システムでは，特徴量とモデルが算出した「合格する確率」がスコアを解釈する上での根拠となる．「300語以上」，「文法的誤りが 10 個以下」などの基準は恣意的にならざるを得ないが，前述の /l/ と /r/ の聞き分けテスト同様，テストの利害関係者に明確な基準を示すことができる．さらに，自動採点システムでは，前節で紹介したTurner and Upshur (1996) の EBB 尺度と同様，あるいはより詳細な説明を受験者に与えることが可能である．語数，文法的誤りの数が 1 増減すると合格する確率にどの程度影響を与えるかが分かるので，「文法的誤りが 5 つ減るか語数が 10 語増えれば合格する」などと言った助言が可能である．自動採点を用いると人間の評定者より詳細な助言，フィードバックを与えることができる．

　現在開発中および実用化されている自動採点システムにおいて，さまざまな機械学習の技法が利用されているが，パフォーマンステストに自動採点システムを導入する際には，ここで述べたモデルの解釈可能性が重要である．テストのスコアは，解釈され，その解釈に基づき決定が下される．そのため，スコアが何を意味するのか，どのように算出されるのか，また，スコアはどのような要因で変化するかなどが解釈の根拠となる．

2.4　特徴量の選択

　前節で示した作文の自動採点システムの例においては，合格 / 不合格を予

測する特徴量(決定する要因)を語数と文法的誤りの数としたが，これは例であり，これらを選んだ特段の理由はない．自動採点システムの構築において，特徴量の選択はパフォーマンス能力と評価に関する研究の観点から十分に議論されるべきである．

　Matsushita and Londsdale (2012) が提案した自動採点システムは日本語学習者を対象とした日本語の発音を自動で採点するシステムである．このシステムでは，受験者は音声で提示された文を口頭で模倣し，発音が自動で採点される．通常の音声認識システムでは，発話された単語(音素)とその時間に関する情報，単語(音素)がその音素であるという確信度が機械によって出力される．この確信度は音声認識システムを構築する際に使用した音声データ(この研究で使用された音声データは日本語母語話者の音声データである)と受験者の発話の近さを示すものと解釈することができ，Matsushita and Londsdale (2012) は，この確信度をスコア予測の特徴量として使用した．日本語の場合，アクセントには方言によるばらつきはあるが，音素に関してはコミュニケーションを阻害するようなばらつきは少なく，また，外国語として日本語を学ぶ者にとって，日本語母語話者の発音を学習のモデルにすることには異論がないため，学習者の発音がどの程度母語話者集団の発音に近いかということを示す特徴量を，発音のスコアを予測する特徴量として採用することに問題はないと思われる．Matsushita and Londsdale (2012) が提案したシステムが算出するスコアと人間の評定者が付与したスコアの相関係数は .98 とかなり高い．

　Matsushita and Londsdale (2012) のテストで測定しようとしている概念は「発音の良さ」であり，その「発音の良さ」とは母語話者の発音との近さであり，特徴量の選択に関する議論にはさほど余地がない．一方で，より複合的な能力を測定しようとする場合には特徴量の選択に関する議論が必要である．Zechner, Higgins, Xi, and Willamson (2009) では TOEFL Practice Online ですでに実用化されている Speech Rater[SM] という自動採点システムの開発過程が報告されている．この研究では，先行研究，テスト開発者，評定者の訓練を行なっている者の意見を参考に音声認識システムの出力から計算可能な特徴量を 29 個選択した．これらの特徴量は TOEFL のスピーキン

グセクションにおいて評価される流暢性，発音，語彙の多様性，文法的な正確さと強く関連するものである．テスト開発者と評定者の訓練を行なっている者がこれら 29 の特徴量を再度吟味し，13 に減らし，その特徴量間の相関係数がかなり高い場合，一方の特徴量を削除するという過程を経て，11 の特徴量を選択した．

　このような過程を経て特徴量を選択しなかった場合，特徴量がスコアを解釈する際の根拠となり得ない．やや非現実的であるが，前節の「文法的誤りが 5 つ減るか語数が 10 語増えれば合格する」という助言は，文法的誤りと語数が，そのテストにおいて測定しようとする能力と強く関連しているという前提のもとに成り立つものである．そのテストにおいて測定しようとする能力と語数が強く関連している前提がないのにもかかわらず，語数が合否をよく予測する変数であった場合，テストの評価基準や評定者の訓練の見直しを行わなければならない可能性もある．

2.5　自動採点システムの汎用性

　自動採点システムは，訓練を受けた人間が行う採点という高度な知的行為の代替あるいは補助的役割として提案されている．パフォーマンステストの評定者の訓練において，その候補者は，テストの内容や目的，評価基準などに関する説明を受け，過去の実際のパフォーマンス（作文や発話の録音）を見聞きし，評価基準を利用して評価する．この評価がベテランの評定者の評価と一致度が高かった場合，評定者として採用されることになるが，そのようなことは稀で，ほとんどの場合，評価後に評価基準に関する議論があり，それを経て再度新たなパフォーマンスを評価する．この過程が複数回繰り返されるのが一般的である．この過程の中で候補者の評価とベテランの評価者の評価との一致度がある基準を超えた場合においてのみ，その候補者はそのテストの評定者として迎えられる．また，そのテストの内容に変更があった場合は，この訓練の過程は繰り返され，ある一定の基準を超えた者のみ実際のテストの評定者として採用される．

　この評定者の訓練と同様のことが，自動採点システムの開発においても

行われる．上述の例に倣えば，既存のデータから特徴量とラベル（合格 / 不合格）を得て，ロジスティックモデルの重みと定数を計算する．このモデルが算出する合格 / 不合格のラベルと人間の評定者による評価の一致度を検討し，ある基準を超えた場合においてのみ当該の自動採点システムを実用化する．さらに，これも人間の評定者の訓練においても同様であるが，テストの内容が変更された場合には同様の過程をもう一度繰り返すこととなる．

　スピーキングやライティングなどのパフォーマンスの評価が導入されていないことの理由の 1 つとしてテスト実施にかかるコストが挙げられる．また，人間の評定者が評価を行う場合では評定者によるばらつきをなくすことは困難で，その公平性が問題となる場合がある．自動採点システムの導入は，これらの問題の解決策として提案されている．後者の問題は，機械にはそのようなばらつきがないため解決したと言えるが，前者の問題はすべて解決したとは言えない．外国語のスピーキング能力のテストは，他のリスニング，リーディング，ライティングと異なり，多数の受験者に対し一斉に行うことができない．1 人，あるいは 2 人の受験者に対し，面接官が 1 人必要となる．大規模に行うためには受験者数に応じた面接官の数が必要となる．次に，受験者の発話は録音され，複数の評定者により評価される．多くの場合，この過程に長い時間がかかる．自動採点システムは評定者の役割を果たすので，これらのコストは削減される．実施に関するコストは自動採点の導入によりかなり削減されるが，評定者の訓練に関するコストは，自動採点を導入しても，人間の評定者の訓練と同様の過程が必要とされる．前節で述べたように，自動採点システムはテストの内容やテストが測定しようとする概念に基づいて，スコアの予測に使用する特徴量を決定する．テストの内容が変更されれば，この特徴量は再度検討され，新たなシステムを最初から構築しなければならない．1 つのテストのために構築された自動採点システムを他のテストで利用することはできない．人間の評定者に関しても同じことが言えるが，テスト実施時のコストを削減することが可能で，評価にぶれがない自動採点システムは，次の段階として，テストの内容が変更されても，わずかな変更で対応ができる自動採点システムの開発が待たれる．ベテランの評定者であれば，短い訓練あるいはテスト内容の変更を伝えるだけで，信頼

性の高い評価が付与できるようになることも可能なので，不可能なことでは
ないはずである．

2.6　まとめと提案

　本章では Bachman and Palmer (2010) により提案されたテスト開発，実
施の枠組みに基づき，言語テストに自動採点システムを導入する際に考慮す
べきことについて述べた．自動採点システムの開発は，現在，自然言語処理
を代表とする工学系の分野で行われ，言語テストの開発者，実施者の中には
この分野に不案内な者も多い．しかしながら，自動採点がどのような特徴量
を利用し，どのような仕組みでスコアを算出しているのか，また，どのよう
な能力を測定しようとしているのかを，テスト開発者，実施者のみならず，
テストの利害関係者は理解しておく必要がある．

参考文献

Bachman, Lyle., and Palmer, Adrian. (2010) *Language Assessment in Practice: Developing Language Assessments and Justifying Their Use in the Real World*. Oxford: Oxford University Press.

Bachman, Lyle., and Damböck, Barbara. (2018) *Language Assessment for Classroom Teachers*. Oxford: Oxford University Press.

Turner, Carolyn. E., and Upshur, John. A. (1996) Developing rating scales for the assessment of second language performance. In Gillian Wigglesworth, and Catherine Elder. (Eds.), *The language testing cycle: From inception to washback*. (pp.55–79). Australia: Applied Linguistics Association of Australia.

Turner, Carolyn. E., and Upshur, John. A. (2002) Rating scales derived from student samples: Effects of the scale maker and the student sample on scale content and student scores. *TESOL Quarterly* 36: pp.49–70.

Matsushita, Hitokazu., and Lonsdale, Deryle. (2012) Item development and scoring for Japanese oral proficiency testing. *Proceedings of the Eight International Conference on Language Resources and Evaluation* pp.2682–2689

Zechner, Klaus., Higgins, Derrick., Xi, Xiaoming., and Williamson, David M. (2009) Automatic scoring of non-native spontaneous speech in tests of spoken English. *Speech Communication* 51: pp.883–895.

3. ライティング評価と言語的指標の関係
―メタ分析による研究成果の統合

小島ますみ・金田拓

はじめに

　過去約40年間で，英語学習者の書いたテクストの言語的特徴とライティングの質がどの程度関係あるかという研究が盛んになった．これらの研究目的は，評価者要因の特定，ジャンルの違いによる言語的特徴の比較，言語指標の妥当性・信頼性検証，ルーブリックの種類の比較，ライティング評価の予測，ライティング自動評価システムの開発・妥当性検証などさまざまであるが，特に近年ではライティング評価の予測や自動化に関する研究が増えている．ライティングで最も重要なのは内容ではないかという議論もあるが，優れた書き手は概して言語使用の面で優れているため，言語使用からかなりの精度でライティングの質が分かると言われている(Deane 2013)．英語が母語ではない書き手の場合，まずは語彙や文法の知識が十分にあるか，その知識が適切な形式や速度で産出できるかが，ライティングの質に大きな影響を及ぼすと考えられる．

　英語学習者の産出するテクストの言語的特徴の中で，もっとも多くの研究で注目されてきたのが，複雑性(complexity)，正確性(accuracy)，流暢性(fluency)である．これらは頭文字をとってCAFと呼ばれる．複雑性は統語的複雑性(syntactic complexity)と語彙的複雑性(lexical complexity)に分けられるため，近年では語彙の頭文字を加えたCALFという略称が使用されることもある(e.g., Johnson 2017)．本稿でも4つ(統語的複雑性，語彙的複雑性，正確性，流暢性)一度に言及する場合はCALFを使用する．CALFは

第二言語話者や外国語学習者の習熟度やパフォーマンスの重要な側面を捉えることができるとされ(Housen and Kuiken 2009),多くの研究で用いられてきた.しかし,報告されているライティング評価とCALFの相関の大きさは,実にさまざまである.これは,どのようなCALF指標が用いられたかという違いに加え,書き手の母語や習熟度等の変数が結果に影響を及ぼした可能性がある.

　本章は,英語を第二言語(外国語を含む)とする学習者のライティング評価とテクストのCALFとの相関関係について,52本(計67の独立群,総参加者数8,406人)の文献を統合し,メタ分析を行った結果を報告する.CALFは,人間がテクストを読んで直感的に評価を下す場合もあるが,多くの研究では計量言語学的な客観指標が使用されているため,本研究でもCALFの客観指標に着目した.メタ分析とは,関連する過去の研究を包括的に集め,報告されている効果量の平均値を求め,先行研究を量的に統合する分析手法である.どのように優れた研究でも,偶然的要因や実験環境などの特異性に影響を受けるため,1つの研究が信頼できる答えとはなりえない.つまり,外的妥当性が低い.それに対し,多様な研究を集めて,それらの全体を見渡し結論を導くというメタ分析の方法論は,外的妥当性を高める上で大変有効であるとされる(Norris and Ortega 2000).メタ分析はまた,結果に影響を与える要因(調整変数)別の分析が可能な点も利点である.本研究では,学習者の母語,年齢,習熟度,学習環境,タスクの種類を潜在的な調整変数とし,メタ分析を行った.

　本研究の意義は,2つである.1つ目は,教師や研究者がライティング指導や評価を行う際に,ライティングのどのような特徴をどの程度重視すればよいか知見を得ることである.ライティングの質を決める上で重要な要素は,指導上も重要であり,優先的に考慮される必要があると考えられる.2つ目は,CALFからライティング評価を予測する際,CALF以外にどのような変数を考慮する必要があるのか知見を得ることである.このような知見は,ライティング指導者や評価者ばかりでなく,ライティング評価の自動採点プログラム開発者にとっても,モデルにどのような変数を組み込む必要があるのか検討する上で重要である.本研究の成果は,より良いライティング

指導や評価に活用でき，教育・研究上有意義であると考えられる.

3.1　ライティング評価とテクストの言語的特徴

3.1.1　統語的複雑性

　第二言語習得において文法の習得は核となると見なされてきたため，ライティング研究でも第二言語学習者の書いたテクストから文法の発達を捉えるさまざまな指標が考案され，使用されてきた. 統語的複雑性とは，「産出される文法構造の多様性と洗練性」と一般に定義され (Ortega 2015; Wolfe-Quintero, Inagaki, and Kim 1998)，文法的複雑性 (grammatical complexity) と呼ばれることもある. 統語的複雑性指標は，母語や第二言語のスピーキングやライティングの発達指標として，または言語全般の発達指標として使用されてきた. 指標は主に，言語ユニット (例：文，Tユニット[1]，節，句) の長さに基づくものと，特定の構文や文法項目 (例：従属節，受動態，前置詞句) の頻度や比率に基づくものに分けられる. これらは，ライティング評価の予測変数として，また教授やタスクの効果を測る指標として，広く使用されてきた.

　特に多くの研究で使用されてきたのは，平均Tユニット長や平均文長である (Ortega 2003). 文やTユニットが長くなる要因は，従属節の使用に加え，補部や句などの複雑化も含むため，それらを包括するこれらの指標は全体指標とも呼ばれる. さまざまな統語的複雑性を包括するので好まれる反面，どのような言語構造が使用されたのかは不明で，理論的，また教育実践的に解釈が難しいという問題が指摘されている (Kyle and Crossley 2017). また，統語的に複雑なライティングがより良いライティングとは必ずしも言えないという批判もある (Ortega 2003). 実際，TOEFL iBT® のライティング評価で導入されている e-rater (ver. 11.1) では，短文の過剰使用に加え長文の過剰使用も減点対象となっている (Deane 2013).

　Tユニット長以外によく使用されてきた統語的複雑性指標として，Tユニットあたりの節数がある (Ortega 2003). 従属節が多用されるほどスコアが高くなることから，ライティングの発達指標として従属節の使用が注目さ

れてきたと言える．これに対し Norris and Ortega (2009) は，統語の発達は
まず等位節に現れ，その後に従属節の発達が続くが，さらに進めば従属節は
逆に減少し，句レベルの複雑性が高くなると指摘している．Biber, Gray and
Poonpon (2011) もまた，従属節による複雑性は口語的な特徴であり，特に
アカデミックなテクストでは複合名詞句などの句レベルの複雑性が特徴的
であると指摘している．これらの指摘を受け，英語学習者のライティングに
おける句レベルの複雑性に関する研究が増加している (e.g., Biber, Gray, and
Staples 2016; Kyle and Crossley 2018; Parkinson and Musgrave 2014)．例
えば，Kyle and Crossley (2018) は，TOEFL 受験者のライティングを分析し
たところ，句レベルの複雑性指標は，全体指標や節レベルの指標よりも，ラ
イティング評価をより良く予測できたと報告している．

　これまで多くの研究でTユニット長や従属節の指標が機能してきたのは，
中級の英語学習者を対象とした研究が多かったからだと思われる．Wolfe-
Quintero et al. (1998) も，39 の研究結果から，これらの指標は習熟度の異
なる学習者を弁別し，妥当な発達指標であると述べている．しかし，学習
者の発達段階によって機能する指標が異なると想定されることから，近年
ではTユニット長などの全体指標に加え，節や句レベルの指標や，特定の
構文や文法項目に特化した指標を複数組み合わせることが推奨され (Norris
and Ortega 2009)，それに応える研究も増えている (Kim and Crossley 2018;
Kyle and Crossley 2017, 2018; Yang, Lu, and Weigle 2015)．これらの研究
には，コンピュータで自動的にスコアが算出される Coh-Metrix (Graesser,
McNamara, Louwerse, and Cai 2004; McNamara, Graesser, McCarthy, and
Cai 2014)，TAASSC (Kyle and Crossley 2018)，L2 Syntactical Complexity
Analyzer (Lu 2010) 等の分析ツールが一役を担っている．

　その他の統語的複雑性指標として，統語的な埋め込みの量や，構文の種類
と多様性に基づく指標等が挙げられるが，あまり一般的ではない．しかし，
統語的複雑性の定義に多様性が含まれることを考えると，多様性の測定や議
論はもっと活発になされるべきだろう．また最近では，Kyle and Crossley
(2017) が，用法基盤理論と頻度効果に基づき開発した指標で，TOEFL のラ
イティング単独タスク評価をモデル化したところ，伝統的な全体指標よりも

説明率が高かったと報告しており，今後の動向が注目される．

　英語学習者のライティング評価と統語的複雑性には一般に正の相関がある
とされるが，どのような指標を用いるかで異なることに加え，2変数の相関
関係に影響する調整変数によっても異なると考えられる．Ortega（2015）は，
母語，習熟度，ジャンルやタスク等の変数の影響や，それらの複雑な交互作
用が考慮された研究デザインとデータ分析が必要であると述べている．

3.1.2　語彙的複雑性

　語彙的複雑性は，一般に産出語彙の多様性と洗練性と定義され（Wolfe-
Quintero et al. 1998），語彙の豊かさと呼ばれることもある（Engber 1995;
Laufer and Nation 1995）．学習者の使用語彙は語彙知識の多寡や語彙習得段
階を表し，一般的な言語習得段階も推測できるという想定のもと，学習者の
産出する語彙が調査されてきた（Kim, Crossley, and Kyle 2018; Kojima and
Yamashita 2014; Linnarud 1986; McCarthy and Jarvis 2010）．そのような産
出語彙を量的に測定する試みが語彙的複雑性指標であり，主に多様性指標
と洗練性指標に分けられる．そこに語彙密度が加わる場合がある（Bulté and
Housen 2012; Wolfe-Quintero et al. 1998）．Read（2000）はさらに語彙的エ
ラーも加えたが，語彙的エラーは正確性の範疇とされ，語彙的複雑性には含
めないのが一般的である（Laufer and Nation 1995）．

　語彙の多様性指標は，産出されたテクストの総語数（Token）に対する異語
数（Type）の割合から算出され，TTR（type-token ratio）が最もよく用いられ
る．しかし，TTRはテクストが長くなるほど異語数の増加が緩やかになる
ことでスコアが減少するという性質があるため，さまざまな補正指標が提
案されている（e.g., Guiraud 1954; Herdan 1960; McCarthy and Jarvis 2010;
Malvern and Richards 1997）．語彙の洗練性指標は，基本語以外の語の割合
に基づくLexical Frequency Profile（Laufer and Nation 1995）が代表的で，
大規模コーパスをもとにした語の頻度情報を利用して算出される．基本語と
それ以外をどのように区切るかについては，さまざまな意見がある（Kojima
and Yamashita 2014; Meara and Bell 2001）．語彙密度は，総語数に対する内
容語（名詞，動詞，形容詞，副詞）の割合で表され，情報が密なテクストほど

語彙密度が高くなると言われる（Read 2000）．語彙の多様性指標と洗練性指標は，多くの研究でライティング評価と有意な正の相関があると報告されている（e.g. Bestgen 2017; Kyle and Crossley 2016）．それに対し，語彙密度とライティング評価では微弱な相関かほぼ無相関と報告する研究もある（e.g., Linnarud 1986; Yang 2014）．これは，冠詞等の機能語が習得できていない学習者のテクストで語彙密度が高くなることに起因すると思われる．初中級者の発達指標としては，語彙密度は妥当ではない可能性がある．

　これらの伝統的な指標に対し，語彙の複雑性は多面的であり，単なる頻度の問題ではないという批判がある．Kim et al.（2018）は，洗練語の特徴として，1）具象性，想像性，親密度が低い，2）文脈的な多義性が低い，3）音韻的，書記的に類似語が少ない，4）特定の意味で使用される，5）語彙性判断課題で反応時間が遅い，6）学術的な文脈で広く使用される，といった点を指摘し，さらに洗練性という概念は，単語だけではなく連語にも用いるべきと主張している．このような考え方のもと，近年ではレンジ，n-gram の頻度，アカデミック語，上位語，多義語，心理言語学的語彙情報を利用した具象性，心象性，意味深長性，親密性，習得年齢などに基づく指標等が開発され，使用されている（e.g., Guo, Crossley, and McNamara 2013; Kim et al. 2018）．これらの指標は，Coh-Metrix や TAALES（Kyle, Crossley and Berger 2018）などの分析ツールで算出され，ライティング評価をどの程度予測するかという研究も盛んに行われている（e.g., Guo et al. 2013; Kim and Crossley 2018; Kyle and Crossley 2016）．これらの指標は複数組み合わせて使用されることが多く，個々の指標とライティング評価の相関では，微弱な相関から中程度までさまざまである．また，母語，習熟度，ジャンルやタスク等の変数の影響など，明らかにされていない部分が多い．

3.1.3　正確性

　正確性は，誤りのない言語を産出できることと定義され（Wolfe-Quintero et al. 1998），誤りには通常，文法や語法の誤り，またメカニクス（綴りや句読点等）の誤りが含まれる．コロケーションの不適切さなど，不自然さも含まれる場合がある（Housen, Kuiken, and Vedder 2012）．学習者が第二言語

の知識を再構築し，中間言語が目標語のシステムに近くなれば正確性が増すと想定されるため，正確性は言語発達を表すと考えられている（Housen et al. 2012）．正確性は，スピーキングやライティングの発達指標として，または言語全般の発達指標として，母語や第二言語習得研究で使用されてきた．また教授やタスクの効果を測る指標としても，広く使用されてきた．

　代表的な測定方法は，言語ユニット（単語，節，文など）数に対するエラーの比率や，エラーのないそれらのユニット数である．これに対し，問題点も指摘されている（Lambert and Kormos 2014; Pallotti 2009）．文法構造には，早く習得されるものも遅く習得されるものもあるが，エラー数を単にカウントする場合にそれらは通常区別されないため，スコアが言語発達を表しにくい．また，文法性のレベルと，容認可能性のレベルは異なり，後者は，文脈や状況にもよる．エラーがコミュニケーションを阻害する場合もあれば，しない場合もあり，重大さが異なる．評価者は，文脈の中でどの程度意味をなすかを考慮して文法性を判断するため，文法性のみを切り離して評価することが難しい．そのため，評価者によって判断が異なり信頼性が低いなどの問題点が挙げられている．近年では，e-rater 等の自動採点プログラムでエラーの自動検出技術が進んできており，そのようなプログラムを利用した研究が増えている（e.g., Barkaoui and Knouzi 2018; Lee, Gentile, and Kantor 2010）．また，特定の文法項目に対するエラーや語彙的エラー等を分けてカウントし，それら複数の正確性とライティング評価の関係を調査する研究も増えている（e.g., Lee et al. 2010; Verspoor, Schmid, and Xu 2012）．しかし，報告されている相関係数の大きさはさまざまであり，学習者の母語等の影響についてもあまり研究がなされていない．

3.1.4　流暢性

　流暢性は，スピーキングやライティングにおける言語産出の容易さ，雄弁さ，なめらかさ，ネイティブのような自然さを表す用語として使われてきた（Housen et al. 2012）．流暢に言語を産出するためには，学習者は関連する第二言語の知識にアクセスした上で，適切な言語形式をすばやく選択し，スムーズに意味を伝達する必要がある．そのために，第二言語の宣言的知

識を手続き化し，言語産出プロセスを自動化する必要がある（Housen et al.
2012）．流暢性は，このような宣言的言語知識の手続き化や自動化の程度を
反映すると考えられる．言語産出プロセスが自動化された書き手は，文法処
理や語彙の選択などの認知的な下位処理に注意資源をあまり費やす必要がな
いため，文章全体の構成や内容などより上位の処理により多くの注意を向け
ることができると考えられる（Schoonen, van Gelderen, Stoel, Hulstijn, and
de Glopper 2011）．このことにより，ライティングの質が向上すると想定さ
れる．

　流暢性は，多くの研究でライティング評価の予測力が高いと報告されて
いる（Ferris 1994; Lee et al. 2010; Reid 1986）．しかし，その操作的定義に
ついて，研究者間で必ずしも意見が一致しているわけではない．流暢な書
き手は，言語産出が容易で速いばかりでなく，一貫性があり，さまざまな
語彙や構文を適切に使うと考えられる．しかし，そのような特徴づけは，
複雑性や正確性の特徴をも包含してしまう．このことから，これまで多く
の研究者は流暢性をもっと狭く定義してきた．例えば Skehan（2009）は，流
暢性の指標は主に，1）速さ（産出される言語ユニットの比率や密度），2）修
正（言い換えなど），3）中断（ポーズの数，長さ，場所など）の3種類に分け
られると述べている．ただし，2と3を測定する指標はスピーキング研究で
はしばしば用いられるが，ライティング研究では稀である．Wolfe-Quintero
et al.（1998）は流暢性の指標を言語産出のスピード（例：単位時間あたりの語
数）と量（例：テキストの総語数）の2種類に分類した．彼らは，言語ユニッ
ト（Tユニットや節など）の長さも流暢性の指標としたのに対し，Norris and
Ortega（2009）は，Oh（2006）の因子分析を使った研究をもとに，言語ユニッ
トの長さに基づく指標は複雑性の指標とみなすべきと主張した．本研究で
は，Norris and Ortega（2009）の見解に従い，流暢性の指標は言語産出のス
ピードと量に関わるものとし，Tユニット等の長さにかかわる指標は統語的
複雑性と分類した．また，他の CALF 変数同様に，学習者の母語等，調整
変数についても調査を行った．

3.1.5　ライティング評価

　ライティングの評価方法には，主に総合的評価（holistic scoring）と分析的評価（analytic scoring）がある（Weigle 2002）．総合的評価とは，ライティングの全体的な印象により，1 つのスコアを与える方法である．分析的評価とは，いくつかの評価項目（e.g., 内容，構成，語彙，言語使用，メカニクス）に従い，項目別に評価する方法である．両者とも，多くの場合は評価基準表が使用される．総合的評価は分析的評価に比べ，評価に時間がかからないことや，評価項目に縛られないことがメリットと言える（Perkins 1983）．分析的評価のメリットとしては，書き手の長所や短所が分かり，診断的なフィードバックとして指導上有益である点が挙げられる．また，より客観的に評価できるため，総合的評価よりも信頼性が高いとされる（Weigle 2002）．分析的評価のデメリットとしては，評価に時間がかかることや，分析的評価の評価項目同士は相関が高く，また総合的評価との相関も高いため，わざわざ時間をかけてもメリットは少ないと言われている（Lee et al. 2010）．実際，総合的評価の方が多くの研究や教育機関で使用されている．本研究で扱うライティング評価は総合的評価とし，評価基準表が使用される場合は，ライティングの言語使用面と構成・内容面の両方が考慮されているものとした．

3.1.6　調整変数

　関心のある効果量の値を左右する変数を調整変数（moderator variable）という．CALF とライティング評価の関係に影響を与えうる変数として，第二言語学習者の母語，習熟度，ジャンルやタスクの種類，学習環境などが挙げられる（Ortega 2003; 2015）．しかし，これらの変数により CALF がどのように異なるかについての研究はなされているが，CALF とライティング評価の関係にどのような影響があるかについてはあまり研究がなされていない．しかし，CALF からライティング評価を予測する際，CALF 以外にどのような変数を考慮する必要があるのか理解することは重要である．

　文法や語彙のエラーに母語の影響が見られることは，多くの研究で観察されている（Leki, Cumming, and Silva 2008; Murakami and Alexopoulou 2016）．年齢について，大人の学習者は，子供の学習者よりも認知的に成熟

しており，母語でさまざまなライティング・ストラテジーを身に付けている
ため，第二言語の知識不足を母語や背景知識，ストラテジー等で補いやすい
と考えられる．したがって，大人の学習者ではライティングの質に影響する
変数が増えるため，CALF の影響は相対的に薄まることが予想される．習熟
度について，Norris and Ortega (2009) の述べているような統語的発達順序
がもしあれば，上級の学習者では従属節の比率は増加せず，むしろ減少する
と考えられる．学習環境について，Ortega (2003) は過去の研究を統合し分
析したところ，第二言語環境の方が，外国語環境よりも，統語的複雑性の伸
びが顕著であったと報告している．したがって，これらの変数は調整変数に
なりうる．

　ライティング・タスクについて，ライティングのジャンルにより統語的複
雑性や語彙的複雑性が異なることが指摘されている．例えば，アカデミッ
ク・ライティングはナラティブ・ライティングに比べ，より複雑な構文や
語彙が使用されるのに対し，流暢性は低いことが報告されている (Bouwer,
Béguin, Sanders, and van den Bergh 2015)．Skehan (1998) のトレードオフ
仮説 (the Trade-off Hypothesis) によると，人間の注意資源には限界がある
ため，一方の領域に注意を向けると，他方の領域に配分する注意資源が不足
する．この仮説が正しければ，タスクが複雑になると，産出言語の複雑性は
向上するが，正確性，流暢性は低下するなど，互いにトレードオフの関係が
あると考えられる．これに対し，Robinson (2001) の認知仮説(the Cognition
Hypothesis) によると，タスクの複雑さが言語的複雑性も正確性も同時に向
上させる可能性があるという．これらの仮説はスピーキングを前提に提案さ
れているが，Kuiken and Vedder (2007; 2011) はこれらの仮説を第二言語ラ
イティングに適用し，タスクの複雑さを変化させることで，産出言語の複雑
さや正確性に影響があるか調査している．結果より，言語的複雑性は特に変
化せず，正確性，特に語彙的正確性で向上が見られたと報告している．これ
らの研究より，タスクの種類は調整変数になりうる．以上より，本研究で
は，母語，年齢，習熟度，学習環境，ライティング・タスクを潜在的調整変
数として分析する．

3.2　ライティング評価と CALF の相関関係メタ分析

3.2.1　リサーチ・クエスチョン

　本研究は，英語学習者のライティングにおける CALF からライティング評価をどの程度予測できるのかについて，メタ分析により調査する．本研究の目的は，教育実践やライティング評価上，どのような言語的特徴が特に重要になるのか，またどのような変数に注意する必要があるかについて，知見を得ることである．本研究のリサーチ・クエスチョンは以下である．

1. 英語学習者の CALF はライティング総合的評価とどの程度相関があるか．
2. 英語学習者の CALF とライティング総合的評価の相関は，学習者の母語，年齢，習熟度，学習環境，タスクの種類により変化するか．

　CALF とライティング評価の相関関係は，指標の種類でも変化する可能性があるが，メタ分析では少数の操作的定義を用いるよりも，複数の多面的な操作的定義を用いることで，より一般性の高い結論を導くことができるとされるため（山田・井上 2012），本研究では CALF 内部の指標の種類は区別しないこととした．過去の研究成果から一般的にどの程度の相関があるのか，またどのような変数の影響を受けるのかを探求する．

3.2.2　文献収集

　英語学習者対象のライティング研究で，かつ CALF とライティング総合的評価の相関関係を調べている英語論文で，2015 年 12 月までに発表されたものを収集した．まず，応用言語学や第二言語習得，英語教育，ライティング研究で主要なジャーナル 30 を対象に[2]，アブストラクトから候補となる論文を収集した．次に，14 の論文データベースを使用し[3]，ライティングや CALF にかかわるさまざまなキーワードを組み合わせた上で，ヒットした文献のアブストラクトを読み，候補となる論文を収集した．収集対象は，査読付き論文ばかりでなく，査読なし論文（博士論文，修士論文，報告書，研究

大会のプロシーディング等)も含めた.

　次に,論文の中身を確認し,予め設定した適格性基準に適合するかチェックした.適格性基準は,1) 英語学習者対象のライティング研究,2) パラグラフ以上のライティング,3) 中等教育以上,4) 障害者対象の研究は除く,5) 翻訳課題,要約課題,リーディングやリスニングとの融合課題は除く,6) 人間によるライティング総合的評価と CALF 指標1つ以上との相関分析あり,とした.相関係数に母語話者データが含まれる場合は除外した.さらに,ライティング総合的評価は,評価基準表で言語使用と構成・内容の両方が考慮されているものとし,評価基準表なしで直感的に評価する場合は,両方を考慮しているものとみなした.

　続いて,適格性基準を満たした論文や,当該分野のレビュー論文等を対象に,引用文献のチェックを行った.これにより,データベース検索で漏れてしまった文献を収集した.特に,データベース検索等で収集が困難な書籍収録論文を精査し,収集した.博士論文,修士論文,報告書,研究大会のプロシーディング等は,インターネット上で電子的に収集できるもののみとした.さらに,引用文献のチェックにより判明した,最初のデータベース検索で漏れていた検索語を使って,再度データベース検索を行った.これらの作業で追加収集した候補文献の適格性チェックを行った.最後に,適格性基準を満たした論文の中でサンプルの重複がないかチェックし,重複のあった研究(Barkaoui 2010a と 2010b,Engber 1992 と 1995,Evola, Mamer, and Lentz 1980 と Kaczmarek 1980,Kroll 1982 と 1990,Lee, Gentile, and Kantor 2008 と 2010)の片方を除いた.以上の手続により,最終的に残った52 本の論文(ジャーナル掲載 27 本,博論 16 本,書籍収録 7 本,その他 2)を統合した.合計で 67 の独立群,総参加者数 8,406 人のデータが対象となった.

3.2.3　コーディング

　研究対象とした各文献の各独立群について,サンプルサイズ,学習者の母語(インド・ヨーロッパ語族,その他),年齢(中高生または 18 歳未満,大学生または 18 歳以上),習熟度(中級以下,上級以上),学習環境(第二言語

/外国語），ライティング・タスク（アカデミック／ナラティブ），CALF指標の種類，ライティング評価とCALF指標の相関係数を記録した．母語等の変数について，2値に分類したのは検定力を考慮してのことである．データの属性に2値が混在する場合（例：初級から上級者まで対象のデータ）や，論文中に十分な情報がない場合は，それぞれの調整変数分析から除外した．

　学習者の母語について，言語間の距離を考慮して，英語の属するインド・ヨーロッパ語族とそれ以外に分類した．母語は論文の記述に従いコーディングしたが，明記していない研究も多かった．そのような場合は，外国語環境でかつデータ収集地が記述されていれば，その土地の主要言語（例：日本であれば日本語）に基づき，コーディングした．年齢について，大人と子供では認知的な成熟度が異なると考えられるため，中高生と大学生以上で分けることとした．習熟度について，中級と上級では統語的複雑性に違いがあるとされることから，論文の記述に基づき，中級以下と上級に分類した．論文中にTOEFL等のスコアが記載されている場合は，TOEFL PBT 530点相当以上であれば上級，それ未満であれば中級以下とした．学習環境について，外国語環境と第二言語環境では，言語発達のスピード等が異なるとされることから，この2種類で分類した．ライティング・タスクについて，多くの研究でアカデミック・ライティングまたはナラティブ・ライティングが課されていたが，この2種類では言語的特徴が異なるとされることから，この2種類で分類した．議論型（argumentative），説得型（persuasive），説明型（expository），記述型（descriptive），分析型（analytic）のライティングであればアカデミックと分類し，個人的な経験を語ったり，写真や映像を見て物語ったりする語り型（narrative）の作文は，ナラティブと分類した．ライティング評価とCALFの相関係数について，相関係数の種類は区別しなかった．ただし，大部分はピアソンの積率相関係数であり，その他は主にスピアマンの順位相関係数であった．CALFの指標は，第2節の「研究背景」で述べた定義に基づき，一般にCALF指標とされる指標をすべて対象とした．

　まず，対象となった52の文献のうち9つの文献（17%）について，第一著者と研究協力者によりコーディングを行った．コーディングの一致度は.96であった．残った文献のうち23文献（44%）について，CALF指標の分類と

相関係数については，2人が独立にコーディングを行ったところ，一致度は
.95 であった．それ以外の変数と残りの文献について，第一著者がコーディ
ングを行い，第二著者が間違いないかチェックした．すべての不一致箇所
は，討議の上で合意に至った．

3.2.4　効果量の統合

　ライティング総合的評価と CALF 指標の相関係数を効果量として統合し
た．前節で述べたコーディングでは原著どおりの相関係数を記録したが，
CALF 指標の中には構成概念と逆のものを測っているものも少なくなかっ
た．例えば，文法的な正確率ではなくエラー率を算出しているもの，洗練語
の比率ではなく基本語の比率を測定しているもの，統語的複雑性ではなく，
統語的類似性を測定しているもの等である．これらの指標とライティング評
価は負の相関になっている場合が多かった．また，Coh-Metrix や TAALES
で使用される親密度，頻度，レンジ，具象性，心象性，意味深長性，多義性
などの指標も，基本語の比率が高くなるとスコアが高くなるため，ライティ
ング評価と負の相関を示す場合が多かった．これらの指標は CALF の構成
概念と逆のものを測っていると考えられるため，ライティング評価との相関
係数は，すべて -1 を掛けて±の符号を逆にした．

　1回のメタ分析内でサンプルの重複を避けるため，1独立群1独立変数1
効果量を基本とした．例えば，同じ実験参加者が書いた作文に対し，複数の
統語的複雑性指標が使用され，それぞれの指標とライティング評価との相関
係数が報告されている場合は，それらの平均値を算出した．その際，まず相
関係数をフィッシャーの z に変換し，それらの平均値を算出した．ただし，
最終的な解釈の際は，z 値を再度相関係数に戻した．また，重複する学習者
に対し複数の観測点での相関係数が報告されている場合は，1つの観測点で
のデータのみを使用した．なお，多くのメタ分析で信頼性による相関の希薄
化が調整されるが，ライティング評価で用いられる評価者間信頼性による相
関の希薄化について，確立された調整方法が見当たらないため，本研究では
調整しなかった．

3.2.5　統計分析

　統計分析には，R 3.1.2と *meta* や *metaphor* 等のパッケージを使用した．
まず，公表バイアスについて検討した．漏斗プロット（funnel plot）と2種類
のフェイルセーフ *N* （Orwin 1983; Rosenthal 1979）でバイアスがないか吟味
し，バイアスありと判断された場合は，トリム・アンド・フィル法（Duval
and Tweedie 2000）に基づき調整を行うこととした．公表バイアスとは，研
究結果が統計的に有意な場合に論文が公表されやすく，有意でないと公表さ
れにくいというバイアスのことを指す．収集した研究にそのようなバイアス
が存在していると，研究領域全体の代表性を欠くデータと考えられ，メタ分
析の妥当性を脅かすことになる．したがって，まずそのようなバイアスの
有無を検討した．漏斗プロットとは，効果量推定値を横軸に，サンプルサイ
ズを縦軸にとって，各研究をプロットした散布図である．研究が偏りなく集
められていれば，各効果量推定値は真の効果量を中心とした左右対称に分布
し，サンプルサイズが大きいほど誤差が小さくなるはずなので，ちょうど漏
斗を逆にしたような散布図になると期待される（山田・井上 2012）．フェイ
ルセーフ *N* とは，効果量が0の研究がいくつ加われば全体の平均効果量が
有意でなくなるかを表す．トリム・アンド・フィル法では，漏斗プロットの
左右非対称性を補正するために必要な研究の個数を求め，それらを調整した
上で再度平均効果量と 95% 信頼区間を求めることができる．

　続いてメタ分析を行い，ライティング総合的評価と CALF それぞれとの
相関係数について，フィッシャーの *z* 変換を適用した上で重み付き平均であ
る平均効果量を求めた．その際，平均効果量の標準誤差を求め，95% 信頼
区間や検定統計量も算出した．統合された平均効果量が統計的に有意かどう
かの判断には，信頼区間の吟味に加え，*z* 統計量を用いた検定を行った．メ
タ分析には，変量効果モデルを使用した．効果量の解釈時にはフィッシャー
の *z* から再度相関係数に変換し，Plonsky and Oswald（2014）を参照して大
きさの解釈を行った．

　次に，研究間の効果量のバラツキが標本誤差のみによるものといえるの
か，効果量の異質性の検定を行った．「効果量は等質である」という帰無仮
説が棄却された場合は，研究の特性に関連した差異が生じていると考え，調

48 小島ますみ・金田拓

整変数分析を行った．異質性の検定には，研究群内 Q 統計量による Q テストと，I^2 統計量を使用した．Q テストが危険率 5% で有意ではなく，I^2 統計量が 50% 以下の場合は等質，それ以外は異質性ありと判断した．調整変数分析における 2 群（例：母語がインド・ヨーロッパ語族系 vs. その他）に有意差があるかどうかの検定には，研究群間 Q 統計量による Q テストを行った．

3.3 結果

3.3.1 効果量の統合

それぞれの研究から得られたライティング総合的評価と CALF 指標の相関係数を効果量として，ランダム効果モデルにより統計的に統合した．表 1 は，CALF それぞれについて，分析対象となった独立群 k，学習者数 n と，2 種類のフェイルセーフ N，トリム・アンド・フィル法により調整された研究数をまとめたものである．統語的複雑性，正確性，流暢性については，公表バイアスの問題はなかった．語彙的複雑性については，漏斗プロットの右方に 9 つの研究が欠けていると判断されたため，トリム・アンド・フィル法によりそれらを調整した上で（$k = 36 + 9 = 45$），2 種類のフェイルセーフ N を再度求めた．

表1　公表バイアスのテスト結果

変数名	k	n	フェイルセーフ N	Orwin のフェイルセーフ N	トリム・アンド・フィル
統語的複雑性	32	4,349	771	32	0
語彙的複雑性	45	5,877	5,851	36	+9
正確性	30	3,192	4,676	30	0
流暢性	30	5,765	19,695	31	0

表 2 は，CALF それぞれについて統合された平均効果量と 95% 信頼区間，Q 統計量と検定結果，I^2 統計量をまとめたものである．前述のように，語彙的複雑性については，トリム・アンド・フィル法による調整後の結果を報告している．表 2 より，すべての信頼区間はゼロを含まず，z 統計量を用い

た検定結果からも有意であった.

　また，Q テストと I^2 統計量の結果より，研究間の効果量のバラツキは標本誤差を超えるもので，研究の特性に関連した差異が生じていると考えられたため，CALF それぞれについて調整変数分析を行った. 次節では，CALFそれぞれについての結果を報告する.

表2　メタ分析結果と異質性の検定結果

変数名	k	r [95% CI]	z	Q （群内）	I^2
統語的複雑性	32	.15 [.10–.21]	5.6**	64.3**	58.2
語彙的複雑性	45	.39 [.32–.46]	11.0**	256.0**	85.8
正確性	30	.44 [.37–.51]	10.3**	129.9**	80.1
流暢性	30	.60 [.51–.68]	10.3**	1,119.5**	95.6

**$p < .01$

3.3.2　統語的複雑性

　図1は，32 の独立群それぞれについて，ライティング評価と統語的複雑性の効果量（相関係数）および95% 信頼区間をフォレストプロットに図示したものである. 分析対象となった総学習者数は，4,349 人 ($M = 136, SD = 191$) であった. 統語的複雑性とライティング評価の関係は，$r = .15, 95\%$ CI [.10–.21] と，微弱な正の効果であった.

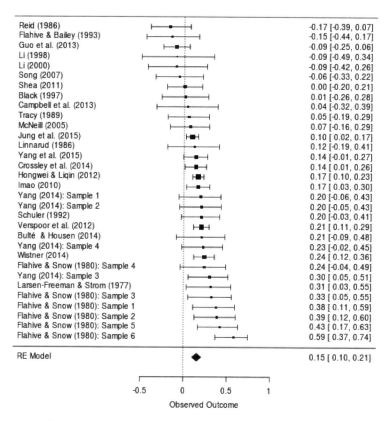

図1　各研究の統語的複雑性とライティング評価の相関と 95% 信頼区間

　表3は，統語的複雑性とライティング評価の相関関係について，学習者の年齢，習熟度，学習環境，タスクの種類により変化するか調整変数分析を行った結果である．母語については，該当する独立群が15を下回ったため，分析から除いた．それぞれ2群の効果量に有意差があるかどうか，Q テストにより検定を行った．結果より，有意な調整変数は見られなかった．

表 3　統語的複雑性とライティング評価の相関関係にかかわる調整変数分析結果

調整変数	k	r [95% CI]	Q テスト	
			Q（群間）	p
年齢	24		0.58	.45
1. 中高生	3	.17 [.05–.30]		
2. 大学生以上	21	.12 [.07–.17]		
習熟度	17		2.83	.09
1. 中級以下	6	.28 [.15–.40]		
2. 上級	11	.14 [.03–.24]		
学習環境	29		0.41	.52
1. 外国語	9	.19 [.11–.28]		
2. 第二言語	20	.16 [.09–.23]		
ライティング・タスク	26		0.10	.76
1. ナラティブ	5	.15 [.00–.28]		
2. アカデミック	21	.17 [.11–.23]		

3.3.3　語彙的複雑性

　図 2 は，36 の独立群それぞれについて，ライティング評価と語彙的複雑性の効果量および 95% 信頼区間を図示したものである．総学習者数は，5,877 人（$M = 163, SD = 234$）であり，統合された平均効果量の大きさは，中程度であった．なお，図ではトリム・アンド・フィル法による調整を行う前の平均効果量と 95% 信頼区間を示している．トリム・アンド・フィル法による調整後の平均効果量と 95% 信頼区間は，$r = .39$ [.32–.46] であった．

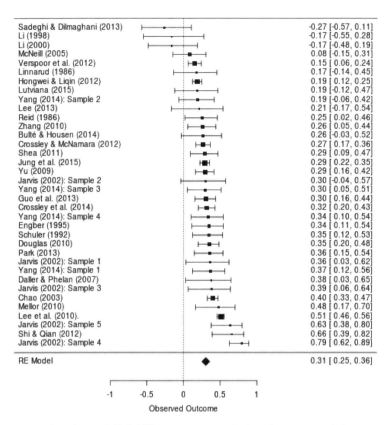

図 2　各研究の語彙的複雑性とライティング評価の相関と 95% 信頼区間

　表 4 は，語彙的複雑性とライティング評価の相関関係について，調整変数分析を行った結果である．学習者の母語，年齢，学習環境，タスクの種類それぞれについて，Q テストにより検定を行った．習熟度については，該当する独立群が 15 を下回ったため，分析を行わなかった．統語的複雑性の結果と同様に，語彙的複雑性とライティング評価の相関関係でも有意な調整変数は見られなかった．

表4 語彙的複雑性とライティング評価の相関関係にかかわる調整変数分析結果

調整変数	k	r [95% CI]	Q テスト	
			Q（群間）	p
母語	23		0.06	.81
1. インド・ヨーロッパ語族	5	.33 [.16–.48]		
2. その他	18	.31 [.22–.39]		
年齢	27		1.68	.19
1. 中高生	8	.36 [.24–.47]		
2. 大学生以上	19	.27 [.19–.35]		
学習環境	32		0.72	.40
1. 外国語	21	.31 [.24–.38]		
2. 第二言語	11	.26 [.15–.36]		
ライティング・タスク	31		0.13	.72
1. ナラティブ	12	.34 [.23–.45]		
2. アカデミック	19	.32 [.24–.39]		

3.3.4　正確性

　図3は，30の独立群それぞれについて，ライティング評価と正確性の効果量および95%信頼区間を図示したものである．分析対象となった総学習者数は，3,192人（$M = 106, SD = 174$）であり，統合された平均効果量の大きさは，$r = .44$ [.37–.51] と中程度であった．

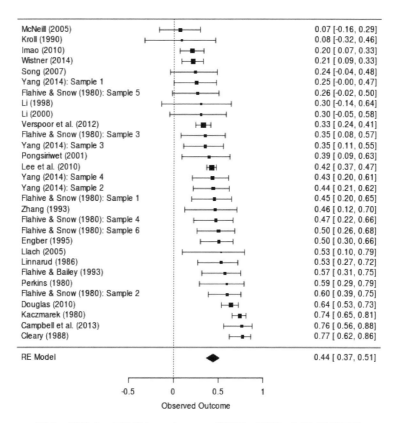

図 3　各研究の正確性とライティング評価の相関と 95% 信頼区間

　表 5 は，正確性とライティング評価の相関関係について，調整変数分析を行った結果である．学習者の年齢，習熟度，学習環境，タスクの種類それぞれについて，Q テストにより検定を行った．母語については，該当する独立群が 15 を下回ったため，分析から除いた．正確性でも，ライティングとの相関関係において有意な調整変数は見られなかった．

表 5　正確性とライティング評価の相関関係にかかわる調整変数分析結果

調整変数	k	r [95% CI]	Q テスト	
			Q（群間）	p
年齢	19		0.62	.13
1. 中高生	3	.54 [.26–.74]		
2. 大学生以上	16	.43 [.29–.54]		
習熟度	17		0.93	.33
1. 中級以下	7	.51 [.35–.64]		
2. 上級	10	.41 [.26–.54]		
学習環境	29		1.04	.31
1. 外国語	11	.39 [.26–.51]		
2. 第二言語	18	.47 [.37–.56]		
ライティング・タスク	25		0.86	.35
1. ナラティブ	7	.50 [.36–.62]		
2. アカデミック	18	.43 [.33–.51]		

3.3.5　流暢性

　図 4 は，30 の独立群それぞれについて，ライティング評価と流暢性の効果量および 95% 信頼区間を図示したものである．総学習者数は，5,765 人（$M = 192, SD = 251$）であり，統合された平均効果量と 95% 信頼区間は，$r = .60$ [.51–.68] となり，強い効果が見られた．

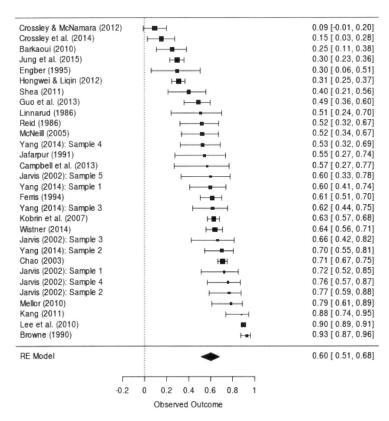

図 4　各研究の流暢性とライティング評価の相関と 95% 信頼区間

　表 6 は, 流暢性とライティング評価の相関関係について, 調整変数分析を行った結果である. 学習者の母語, 年齢, 学習環境, タスクの種類それぞれについて, Q テストにより検定を行った. ただし, 習熟度については該当する独立群が 15 を下回ったため, 分析を行わなかった. 他の変数と同様, 流暢性でも有意な調整変数は見られなかった.

表 6　流暢性とライティング評価の相関関係にかかわる調整変数分析結果

調整変数	k	r [95% CI]	Q テスト	
			Q（群間）	p
母語	19		0.00	.98
1. インド・ヨーロッパ語族	4	.61 [.34-.79]		
2. その他	15	.61 [.49-.71]		
年齢	20		0.35	.55
1. 中高生	9	.64 [48-.76]		
2. 大学生以上	11	.58 [.44-.70]		
学習環境	25		0.01	.91
1. 外国語	18	.62 [.52-.71]		
2. 第二言語	7	.61 [.43-.75]		
ライティング・タスク	28		0.08	.77
1. ナラティブ	9	.65 [.42-.80]		
2. アカデミック	19	.61 [.46-.73]		

3.4　考察

　本研究の第一の目的は，英語学習者のライティングにおける CALF から
ライティング総合的評価をどの程度予測できるのかについて，過去の研究結
果の統合から一般性の高い結論を得ることであった．メタ分析で統合された
平均効果量より，統語的複雑性のライティング総合的評価予測力は，微弱な
ものであった．語彙的複雑性および正確性では，中程度の効果が見られた．
流暢性の効果が最も高く，強い効果が見られた．分散説明率で見ると，流暢
性はライティング評価の 36% の分散を説明し，正確性では 19%，語彙的複
雑性では 15% の分散を説明していた．統語的複雑性ではライティング評価
の分散の 2% を説明するのみであった．CALF をライティング総合的評価と
の相関の大きさ順に並べると，流暢性，正確性，語彙的複雑性，統語的複雑
性であった．ただし，語彙的複雑性と正確性では 95% 信頼区間が大幅に重
なっていたことから，有意差はないと考えられる．統語的複雑性は，他の
CALF 変数よりもライティング評価との相関が有意に小さく，流暢性では，
他の変数より有意に大きい結果となった．まとめると，以下である．

　　　流暢性 > 正確性 ≒ 語彙的複雑性 > 統語的複雑性

　本研究では，流暢性の指標を言語産出のスピードと量に関わるものに限定したが，ライティング評価の分散の約3分の1を説明するなど，大きな効果が見られたことは，注目に値する．流暢に言語を産出するためには，英語学習者は語彙や統語，談話構成上の知識があるばかりでなく，それらの知識を手続き化し，伝えたい意味概念をスムーズに言語形式に変換する必要がある．したがって，流暢性にはさまざまな認知処理がかかわるため，総合的な言語能力が必要となり，ライティング評価と最も相関が高いと推測される．また，流暢な書き手は，さまざまな認知処理が自動化されているために，多くの注意資源を内容や構成に向けることができるので，ライティングの質が向上するとも考えられる．

　正確性はライティング評価に対し，中程度の効果があった．多くの正確性の指標は単にエラー数をカウントするだけで，文法構造の難易度は区別しないため，言語発達を表しにくいといった批判もあるが，本研究の結果からは，過去の研究で使用されてきた比較的単純な正確性指標でライティング評価の分散の19%を説明することが示された．かなりの予測力だと言えるだろう．多くの正確性指標は，文法，語彙，メカニクス等のエラーをすべて含めてカウントしていた．正確性指標はこれらの宣言的な言語知識をどの程度正確に運用できるかを表し，ライティングの質を決める重要な側面であると考えられる．今後エラーの種類で重み付けを変えるなど指標を改良すれば，さらに予測力が高くなることが期待できる．

　語彙的複雑性もライティング評価に対し，中程度の効果があった．統合した語彙的複雑性指標の主なものは語彙の多様性と洗練性の指標であり，書き手の語彙発達を表すと考えられる．流暢性や正確性よりも語彙に特化した狭い領域の言語発達指標と言えるが，それでもライティング評価の分散を15%説明していたことから，ライティングの質を決める上で語彙的複雑性は重要な要因であると言えるだろう．

　統語的複雑性については，ライティング評価に対し，微弱な効果しか認められなかった．多くの研究者が，第二言語習得で文法の発達は重要であると述べており，多くの研究で統語的複雑性指標が使用されてきたことを考えると，意外な結果とも言える．本研究で統合した指標の多くは，平均文長や平

均Ｔユニット長などの全体指標であった．これらのスコアは，従属節の増加に伴い大幅に伸びるが，Norris and Ortega (2009) が指摘するように，上級の学習者では従属節が減少し句レベルの複雑性が発達するのであれば，スコアは逆に減少する可能性がある．これらの全体指標が逆Ｕ字型の非線形な発達を描くとすれば，ライティング評価との相関は正の研究もあれば，無相関，負の相関の研究もあることになり，全体で微弱な相関しか見られないという本研究の結果は納得のいくものかもしれない．本研究では，調整変数分析でそのような発達の非線形性が捉えられることを期待した．しかし，すべての調整変数は有意ではなかった．特に習熟度の下位群でも，弱い相関しか見られなかった．

　本研究の第二の目的は，CALF とライティング評価の相関は，英語学習者の母語，年齢，習熟度，学習環境，タスクの種類などの変数により変化するか調査することであった．それぞれの変数を２値に分類し，２群の相関係数に有意差があるかどうか検定を行ったが，どの変数も有意ではなかった．まず学習者の母語について，インド・ヨーロッパ語族とその他に分けたが，両者が混在するサンプルは除き，コーディングできた独立群が 15 件以上の場合のみ分析を行った．この結果，統語的複雑性と正確性では，分析ができなかった．これまでの研究で，母語の影響は特に文法的エラーで見られるとされていたが，本研究では問題となる正確性で十分な研究数が得られなかった．さらなる研究の蓄積が必要と言える．

　年齢については，CALF それぞれで 15 件以上の独立群が得られたため，中高生と大学生以上で比較することができた．CALF すべてについて，中高生の方が大学生以上よりも，ライティング評価との相関が高くなっていたが，統計的な有意差はなかった．大人の学習者では第二言語の知識不足を補うストラテジーが発達していると考えられるため，CALF の影響は相対的に薄まるのではないかと予想し，実際に大学生以上の方が中高生よりも CALF とライティング評価との相関が高くなっていたが，統計的には有意ではなかった．収集した研究の多くは大学生以上を対象としており，中高生対象の研究は少なかったため，２群の研究数に大きな偏りがあったことから，検定力が低くなっていた可能性がある．これは多くの研究者が大学に所属してお

り，大学生のデータの方が収集しやすかったために生じた偏りであると考えられる．中高生以下を対象とした研究の蓄積が望まれる．

　習熟度について，上級と中級以下に分けたところ，15件以上の独立群が得られたのは，統語的複雑性と正確性のみであった．多くの研究は，習熟度の記載がないか，初級から上級まで混在するサンプルであったため，分析に含めることができなかった．特に大規模な研究は，習熟度が多様な学習者を対象とする傾向があるため，分析対象とすることができなかった．統語的複雑性と正確性ではどちらも，習熟度が中級以下の方が上級群よりも，ライティング評価との相関が高くなっていたが，統計的には有意ではなかった．特に統語的複雑性では，主に従属節の伸びを測る従来型の指標は，中級の学習者までには有効であるが，上級以上になると逆に従属節の使用は減少するため有効ではないと言われており，実際に上級のグループでライティング評価との相関がやや低くなっていたが，統計的な差はなかった．収集した研究の多くは上級の学習者を対象としており，中級以下の研究は少なかったため，2群の研究数に偏りがあり，検定力が低くなっていた可能性がある．中級以下を対象とした研究がより蓄積される必要がある．

　学習環境については，CALF それぞれで15件以上の独立群が得られたため，外国語環境と第二言語環境に分けて分析を行うことができた．統語的・語彙的複雑性と流暢性では外国語環境の方が，正確性では第二言語環境の方が，ライティング評価との相関がやや高かったが，差は僅かであり統計的にも有意ではなかった．統語的複雑性と正確性では，第二言語環境の方で研究数が多く，語彙的複雑性と流暢性では，逆に外国語環境の方で研究数が多かった．外国語環境では第二言語環境に比べ，研究者が英語非母語話者の場合が多いと考えられるので，研究者特性の違いにより研究関心が異なっていた可能性がある．外国語環境での統語的複雑性，正確性の研究や，第二言語環境での語彙的複雑性，流暢性の研究成果をさらに積む必要がある．

　ライティング・タスクについて，CALF それぞれで15件以上の独立群が得られたため，調整変数分析によりアカデミック・ライティングとナラティブ・ライティングの2種類のタスクを比較した．統語的・語彙的複雑性と流暢性では，2群の相関係数にほとんど違いがなかった．正確性では，アカデ

ミック・ライティングよりもナラティブ・ライティングの方が，ライティング評価との相関がやや高くなっていたが，2群に統計的有意差はなかった．多くの研究ではアカデミック・ライティングを課しており，ナラティブ・ライティングの研究数は少なかったため，研究数の偏りが結果に影響を与えた可能性がある．このような偏りは，中高生よりも大学生対象の研究の方が，中級以下の学習者よりも上級学習者を対象とした研究の方が，研究数が多いこととも関連していると思われる．多くの研究は，上級レベルの大学生を対象としており，ライティング・タスクはアカデミック・ライティングが好まれる傾向にあったと言える．今後は，さまざまな学習者層を対象とし，より多様なタスクを使用した研究の蓄積が望まれる．

3.5　結論

　本研究は，英語学習者のライティングにおけるCALFからライティング評価をどの程度予測できるのかについて，過去の研究成果のメタ分析を行った．結果より，流暢性のライティング予測力が最も高く，強い効果が見られた．正確性と語彙的複雑性では，中程度の効果が見られた．統語的複雑性では，微弱な効果しか見られなかった．本研究結果より，ライティング評価者がCALF特性の中でもっとも重視する傾向にあるのは流暢性，つまり言語産出のスピードや量であり，続いて言語的な正確性と語彙的複雑性であると言える．ライティング評価モデルの構築でも，この3変数をモデルに組み込むことが望まれる．また，ライティング指導においても，言語的な複雑性や正確性の指導にとどまらず，英語学習者の流暢性を伸ばす指導にまで踏み込む必要があると言える．誤りを恐れずにアウトプットする機会を増やすことも大切であると言えるだろう．

　また本研究では，CALFとライティング評価の関係に影響を与える可能性のある変数として，学習者の母語，年齢，習熟度，学習環境，タスクの種類による影響を調査した．結果はどの変数も統計的には有意でなかった．多くの研究は，多様な母語や年齢，習熟度，学習環境を持つ学習者が混在するサンプルを扱っていたため，調整変数分析に含めることができなかった．その

他の研究では，上級レベルの大学生が書いたアカデミック・ライティングを対象とした研究が多かったため，バランスのとれた比較が難しかった．中級以下の学習者や，中高生以下の学習者，アカデミック・ライティング以外のライティング・タスクを対象とした研究の蓄積が望まれる．

　本研究で統合した効果量には，研究間でのバラツキが大きかったが，母語等の想定した変数ではそれらのバラツキを説明することができなかった．その原因について，上記で述べた点も重要であると思われるが，他にも検討すべき変数があった可能性も考えられる．そのような変数の候補として，まず指標の種類が考えられる．特に，統語的複雑性と語彙的複雑性ではさまざまな指標が開発され使用されていたが，本研究ではそれらを区別することなく統合した．CALF はそれぞれの内部に多面性があると考えられるため，指標の種類を細かく分けたうえで再分析することを今後の課題としたい．特に，妥当性の高い指標と低い指標を分けて分析することは重要であると思われる．しかし，近年多数の指標が開発されたが，それらの妥当性研究はあまり行われていないという問題がある．指標の妥当性研究も推進する必要がある．その他の考慮するべき潜在的な調整変数としては，評価者の特性，評価基準表の特性，ライティング環境（例：標準テストか教室か）等が挙げられる．さらなる研究が必要である．

　本研究では，ライティング評価に影響を与える言語的特徴として CALF を調査したが，言語的な特徴は他にも，結束性やメタディスコース等がある．それらも含めてより網羅的な研究を行うことで，ライティング評価と指導により有益な研究を行うことができるだろう．今後の課題としたい．

謝辞
本稿の執筆にあたりご指導くださった編者の石井雄隆先生や，研究過程でご協力いただいた筑波大学院生（当時）の石井卓巳さん，ご助言くださった印南洋先生，小泉利恵先生，赤松信彦先生，磐崎弘貞先生，福田純也先生に深謝いたします．

注

1　Tユニットとは，文として独立可能な言語単位を指す（Hunt 1965）．例えば，I first met this very special man when I was only about a year old, // and my earliest memories of him are vague という文章であれば，and の前後で区切ることができ，Tユニット数は2となる．

2　本研究で検索対象とした主要なジャーナル30は，以下とした．*Annual Review of Applied Linguistics, Applied Language Learning, Applied Linguistics, Applied Psycholinguistics, Applied Psycholinguistics, Assessing Writing, Canadian Modern Language Review, ELT Journal, English for Specific Purposes, Foreign Language Annals, International Journal of Applied Linguistics, International Review of Applied Linguistics in Language Teaching, JALT Journal, Journal of Educational Psychology, Journal of English for Academic Purposes, Journal of Literacy Research, Journal of Second Language Writing, Language Assessment Quarterly, Language Learning, Language Learning & Technology, Language Teaching, Language Teaching Research, Language Testing, Modern Language Journal, Reading and Writing, RELC Journal, Second Language Research, Studies in Second Language Acquisition, System, TESOL Quarterly*

3　本研究で使用した14の論文データベースは，以下である．ERIC, LLBA, Web of Science, MLA International Bibliography, ProQuest Central, ProQuest Dissertations & Theses, ScienceDirect, Wiley Online Library, Cambridge Journals, Oxford Journals, De Gruyter Online, Taylor Francis Online, Sage Journals, Google Scholar

参考文献

* 本研究のメタ分析で統合された文献は，先頭にアスタリスクを付けた．

Barkaoui, Khaled and Ibtissem Knouzi. (2018) The effects of writing mode and computer ability on L2 test-takers' essay characteristics and scores. *Assessing Writing* 36: pp.19–31.

*Barkaoui, Khaled. (2010a) Do ESL essay raters' evaluation criteria change with experience? A mixed-methods, cross-sectional study. *TESOL Quarterly* 44 (1): pp.31–57.

Barkaoui, Khaled. (2010b) Explaining ESL essay holistic scores: A multilevel modeling approach. *Language Testing* 27 (4): pp. 515–535.

Bestgen, Yves. (2017) Beyond single-word measures: L2 writing assessment, lexical richness and formulaic competence. *System* 69: pp.65–78.

Biber, Douglas, Bethany Gray and Kornwipa Poonpon. (2011) Should we use characteristics of conversation to measure grammatical complexity in L2 writing development? *TESOL Quarterly* 45 (1): pp. 5–35.

Biber, Douglas, Bethany Gray and Shelley Staples. (2016) Predicting patterns of grammatical complexity across language exam task types and proficiency levels. *Applied Linguistics* 37 (5): pp.639–668.

*Black, Edward M. (1997) *A Text Analysis of the Argumentative Writing in English by Spanish and English Bilingual College Students and by English Monolingual College Students in the Southwest United States* (Doctoral dissertation). Indiana University of Pennsylvania, ProQuest Dissertations & Theses A&I. (9804504)

Bouwer, Renske, Anton Béguin, Ted Sanders, Huub van den Bergh. (2015) Effect of genre on the generalizability of writing scores. *Language Testing* 32 (1): pp.83–100.

*Browne, Sammy R. (1990) *Social Cognition as a Predictor of the Writing Quality of Students Using English as a Second Language in Freshman English Composition* (Doctoral dissertation). Loma Linda University, ProQuest Dissertations & Theses A&I. (9101512)

Bulté, Bram and Alex Housen. (2012) Defining and Operationalising L2 Complexity. In Alex Housen, Folkert Kuiken and Ineke Vedder. (eds.) *Dimensions of L2 Performance and Proficiency: Complexity, Accuracy and Fluency in SLA*, pp.21–46. Philadelphia: John Benjamins.

*Bulté, Bram and Alex Housen. (2014) Conceptualizing and measuring short-term changes in L2 writing complexity. *Journal of Second Language Writing* 26: pp.42–65.

*Campbell, Heather, Christine Espin A. and Kristen McMaster. (2013) The technical adequacy of curriculum-based writing measures with English learners. *Reading and Writing* 26 (3): pp.431–452.

*Chao, Yu-Chuan J. (2003) *Contrastive Rhetoric, Lexico-Grammatical Knowledge, Writing Expertise, and Metacognitive Knowledge: An Integrated Account of the Development of English Writing by Taiwanese Students* (Doctoral dissertation). The University of Auckland (New Zealand), ProQuest Dissertations & Theses A&I. (3119448)

*Cleary, Christopher. (1988) Testing lower intermediate writing: A comparison of two scoring methods. *British Journal of Language Teaching* 26 (2): pp.75–80.

*Crossley, Scott A. and Danielle S. McNamara. (2012) Predicting second language writing proficiency: The roles of cohesion and linguistic sophistication. *Journal of Research in Reading* 35 (2): pp.115-135.

*Crossley, Scott A., Kristopher Kyle, Laura K. Allen, Liang Guo, Danielle S. McNamara. (2014) Linguistic microfeatures to predict L2 writing proficiency: A case study in automated writing evaluation. *The Journal of Writing Assessment* 7 (1): pp.1–34.

*Daller, Helmut and David Phelan. (2007) What is in a teacher's mind? Teacher ratings of EFL essays and different aspects of lexical richness. In Helmt Daller, James Milton and Jeanine Treffers-Daller. (eds.) *Modelling and Assessing Vocabulary Knowledge*, pp.93–115. Cambridge: Cambridge University Press.

Deane, Paul. (2013) On the relation between automated essay scoring and modern views of the writing construct. *Assessing Writing* 18 (1): pp.7–24.

*Douglas, Scott R. (2010) *Non-Native English Speaking Students at University: Lexical Richness and Academic Success* (Doctoral dissertation). University of Calgary (Canada), ProQuest Dissertations & Theses A&I. (NR69496)

Duval, Sue and Richard Tweedie. (2000) Trim and fill: A simple funnel–plot-based method of testing and adjusting for publication bias in meta-analysis. *Biometrics* 56 (2): pp.455–463.

Engber, Cheryl A. (1992) *A Study of Lexis and the Relationship to Quality in Written Texts of Second Language Learners of English* (Doctoral dissertation). Indiana University, ProQuest Dissertations & Theses A&I. (303986307)

*Engber, Cheryl A. (1995) The relationship of lexical proficiency to the quality of ESL compositions. *Journal of second language writing* 4 (2): pp.139–155.

Evola, Jill, Ellen Mamer and Becky Lentz. (1980) Discrete-point versus global scoring for cohesive devices. In John W. Oiler and Kyle Perkins. (eds.), *Research and Language Testing*, pp.177–181. Rowley, MA: Newbury House.

*Ferris, Dana R. (1994) Lexical and syntactic features of ESL writing by students at different levels of L2 proficiency. *TESOL Quarterly* 28 (2): pp.414–420.

*Flahive, Douglas E. and Nathalie H. Bailey. (1993) Exploring reading/writing relationships in adult second language learners. In Joan Carson and Ilona Leki.

(eds.) *Reading in the Composition Class: Second Language Perspectives*, pp.128–140. Boston: Heinle and Heinle.

*Flahive, Douglas E. and Beckie G. Snow. (1980) Measures of syntactic complexity in evaluating ESL compositions. In John W. Oiler and Kyle Perkins. (eds.), *Research and Language Testing*, pp.171–176. Rowley, MA: Newbury House.

Graesser, Arthur C., Danielle S. McNamara, Max M. Louwerse and Zhiqiang Cai. (2004) Coh-Metrix: Analysis of text on cohesion and language. *Behavior Research Methods, Instruments, & Computers* 36 (2): pp.193–202.

Guiraud, Pierre. (1954) *Les Caractéres Statistiques du Vocabulaire*. Paris: Presses Universitaires de France.

*Guo, Liang, Scott A. Crossley and Danielle S. McNamara. (2013) Predicting human judgments of essay quality in both integrated and independent second language writing samples: A comparison study. *Assessing Writing* 18 (3): pp.218–238.

Herdan, Gustav. (1960) *Type-Token Mathematics: A Textbook of Mathematical Linguistics*. The Hague, The Netherlands: Mouton & Co.

*Hongwei, Wang and Yan Liqin. (2012) Coh-Metrix: A computational tool to discriminate writing qualities. *International Education Studies* 5 (2); pp.204–215.

Housen, Alex and Folkert Kuiken. (2009) Complexity, accuracy, and fluency in second language acquisition. *Applied Linguistics* 30 (4): pp.461–473.

Housen, Alex, Folkert Kuiken and Ineke Vedder. (eds.) (2012) *Dimensions of L2 Performance and Proficiency: Complexity, Accuracy and Fluency in SLA*. Philadelphia: John Benjamins.

Hunt, Kellogg W. (1965) *Grammatical Structures Written at Three Grade Levels*. Champaign, ILL: National Council of Teachers of English.

*Imao, Yasuhiro. (2010) *Investigating the Construct of Lexico-Grammatical Knowledge in an Academic ESL Writing Test* (Doctoral dissertation). University of California, Los Angeles, ProQuest Dissertations & Theses A&I. (3450984)

*Jafarpur, Abdoljavad. (1991) Cohesiveness as a basis for evaluating compositions. *System* 19 (4): pp.459–465.

*Jarvis, Scott. (2002) Short texts, best-fitting curves and new measures of lexical diversity. *Language Testing* 19 (1): pp.57–84.

Johnson, Mark D. (2017) Cognitive task complexity and L2 written syntactic complexity, accuracy, lexical complexity, and fluency: A research synthesis and meta-analysis. *Journal of Second Language Writing* 37: pp.13–38.

*Jung, Yeonjoo, Scott A. Crossley and Danielle S. McNamara. (2015) *Linguistic features in MELAB writing performances* (Working Paper No. 2015–05), Georgia State University, Atlanta, GA. <https://www.researchgate.net/publication/291829853_Linguistic _Features_in_MELAB_Writing_Task_Performances> 2019.9.4

*Kaczmarek, Celeste M. (1980) Scoring and Rating Essay Tasks. In John W. Oller and Kyle Perkins. (eds.), *Research and Language Testing*, pp.151–159. Rowley, MA: Newbury House.

*Kang, Hey S. (2011) The relationship between different dimensions of lexical proficiency and writing quality of korean EFL learners. 응용언어학 27 (3) : pp.81–104.

Kim, Minkyung, Scott A. Crossley and Kristopher Kyle. (2018). Lexical sophistication as a multidimensional phenomenon: Relations to second language lexical proficiency, development, and writing quality. *The Modern Language Journal* 102(1): pp.120–141.

Kim, Minkyung and Scott A. Crossley. (2018) Modeling second language writing quality: A structural equation investigation of lexical, syntactic, and cohesive features in source-based and independent writing. *Assessing Writing* 37: pp.39–56.

*Kobrin, Jennifer L., Hui Deng and Emily J. Shaw. (2007) Does quantity equal quality? The relationship between length of response and scores on the SAT essay. *Journal of Applied Testing Technology* 8 (1): pp.1–15.

Kojima, Masumi and Junko Yamashita. (2014) Reliability of lexical richness measures based on word lists in short second language productions. *System* 42: pp.23–33.

*Kroll, Barbara. (1982) *Levels of Error in ESL Composition* (Doctoral dissertation). University of Southern California, ProQuest Dissertations & Theses A&I. (303230742)

Kroll, Barbara. (1990) What does time buy? ESL student performance on home versus class compositions. In Barbara Kroll. (ed.) *Second Language Writing: Research Insights for the Classroom*, pp.140–154. Cambridge: Cambridge University Press.

Kuiken, Folkert and Ineke Vedder. (2007) Task complexity and measures of linguistic performance in L2 writing. *IRAL-International Review of Applied Linguis-*

tics in Language Teaching 45(3): pp.261–284.

Kuiken, Folkert and Ineke Vedder. (2011) Task complexity and linguistic performance in L2 writing and speaking. In Peter Robinson. (ed.) *Second Language Task Complexity: Researching the Cognition Hypothesis of Language Learning and Performance*, pp.91–104. Amsterdam: John Benjamins.

Kyle, Kristopher and Scott A. Crossley. (2016) The relationship between lexical sophistication and independent and source-based writing. *Journal of Second Language Writing* 34: pp.12–24.

Kyle, Kristopher and Scott A. Crossley. (2017) Assessing syntactic sophistication in L2 writing: A usage-based approach. *Language Testing* 34 (4): pp.513–535.

Kyle, Kristopher and Scott A. Crossley. (2018) Measuring syntactic complexity in L2 writing using fine-grained clausal and phrasal indices. *The Modern Language Journal* 102 (2): pp.333–345.

Kyle, Kristopher, Scott A. Crossley and Cynthia Berger. (2018) The tool for the automatic analysis of lexical sophistication (TAALES): Version 2.0. *Behavior Research Methods* 50 (3): pp.1030–1046.

Lambert, Craig and Judit Kormos. (2014) Complexity, accuracy and fluency in task-based L2 research: Toward more developmentally based measures of second language acquisition. *Applied Linguistics* 35 (5): pp.607–614.

*Larsen-Freeman, Diane and Virginia Strom. (1977) The construction of a second language acquisition index of development. *Language Learning* 27 (1): pp.123–134.

Laufer, Batia and Paul Nation. (1995) Vocabulary size and use: Lexical richness in L2 written production. *Applied linguistics* 16 (3): pp.307–322.

*Lee, Hui S. (2013). *The Correlation between Matriculation Students' Lexical Richness and Their Writing Scores*. (Doctoral dissertation). University of Malaya. <http://studentsrepo.um.edu.my/5431/5/5_Dissertation.pdf> 2019.8.23

Lee, Yong-Won, Claudia Gentile and Robert Kantor. (2008) *Analytical Scoring of TOEFL CBT Essays: Scores by Humans and E-Rater* (TOEFL Research Report No.81; ETS RR-08-01). Princeton, NJ: Educational Testing Service. <http://onlinelibrary.wiley.com/doi/10.1002/j.2333-8504.2008.tb02087.x/pdf> 2014.5.29

*Lee, Yong-Won, Claudia Gentile and Robert Kantor. (2010) Toward automated multi-trait scoring of essays: Investigating links among holistic, analytic and text feature scores. *Applied Linguistics* 31 (3): pp.391–417.

Leki, Ilona, Alister Cumming and Tony Silva. (2008) *A Synthesis of Research on Second Language Writing in English*. New York, NY: Routledge.

*Li, Yili. (1998) *Using Task-Based E-Mail Activities in Developing Academic Writing Skills in English as a Second Language* (Doctoral dissertation). The University of Arizona, ProQuest Dissertations & Theses A&I. (9906518)

*Li, Yili. (2000) Assessing Second Language Writing. *ITL-International Journal of Applied Linguistics* 127(1): pp.37–51.

*Linnarud, Moira. (1986) *Lexis in Composition*. Malmö, Sweden: CWK Gleerup.

*Llach, María P. A. (2005) The relationship of lexical error and their types to the quality of ESL compositions: An empirical study. *Porta Linguarum: Revista Internacional de Didáctica de las Lenguas Extranjeras* 3: pp.45–57.

Lu, Xiaofei. (2010) Automatic analysis of syntactic complexity in second language writing. *International Journal of Corpus Linguistics* 15 (4): pp.474–496.

*Lutviana, Rizky, A., Effendi Kadarisman and Ekaning D. Laksmi. (2015) Correlation between lexical richness and overall quality of argumentative essays written by English department students. *Jurnal Pendidikan Humaniora* 3 (1): pp.41–51.

Malvern, David and Brian Richards. (1997) A new measure of lexical diversity. In Ann Ryan and Alison Wray. (eds.) *Evolving Models of Language*, pp.58-71. Clevedon, England: Multilingual Matters.

McCarthy, Philip M. and Scott Jarvis. (2010) MTLD, Vocd-D and HD-D: A validation study of sophisticated approaches to lexical diversity assessment. *Behavior Research Methods* 42 (2): pp.381–392.

McNamara, Danielle S., Arthur C. Graesser, Philip McCarthy and Zhiqiang Cai. (2014) *Automated Evaluation of Text and Discourse with Coh-Metrix*. Cambridge: Cambridge University Press.

*McNeil, Brian R. (2005) *A Comparative Statistical Assessment of Different Types of EFL Writing by Japanese College Students* (Doctoral dissertation). University of Birmingham (United Kingdom). <https://ethos.bl.uk/OrderDetails. do?uin=uk.bl.ethos. 433725 > 2014.9.25

Meara, Paul and Huw Bell. (2001) P_Lex: A simple and effective way of describing the lexical characteristics of short L2 texts. *Prospect* 16 (3): pp.5–19.

*Mellor, Andrew. (2010) *Automatic Essay Scoring for Low Level Learners of*

English as a Second Language (Doctoral dissertation). Swansea University (United Kingdom), ProQuest Dissertations & Theses A&I. (10797955)

Murakami, Akira and Theodora Alexopoulou. (2016) L1 influence on the acquisition order of English grammatical morphemes. *Studies in Second Language Acquisition* 38 (3): pp.365–401.

Norris, John M. and Lourdes Ortega. (2000) Effectiveness of L2 instruction: A research synthesis and quantitative meta-analysis. *Language learning* 50 (3): pp.417–528.

Norris, John M. and Lourdes Ortega. (2009) Towards an organic approach to investigating CAF in instructed SLA: The case of complexity. Applied Linguistics, 30(4), 555-578.

Ortega, Lourdes. (2003) Syntactic complexity measures and their relationship to L2 proficiency: A research synthesis of college-level L2 writing. *Applied linguistics* 24 (4): pp.492–518.

Ortega, Lourdes. (2015) Syntactic complexity in L2 writing: Progress and expansion. *Journal of Second Language Writing* 29: pp.82–94.

Orwin, Robert G. (1983) A fail–safe N for effect size in meta-analysis. *Journal of Educational Statistics* 8 (2): pp.157–159.

Pallotti, Gabriele. (2009) CAF: Defining, refining and differentiating constructs. *Applied Linguistics* 30 (4): pp.590–601.

*Park, Soo-Kyung. (2013) Lexical analysis of Korean university students' narrative and argumentative essays. *English Teaching* 68 (3): pp.131–156.

Parkinson, Jean and Jill Musgrave. (2014) Development of noun phrase complexity in the writing of English for academic purposes students. *Journal of English for Academic Purposes* 14: pp.48–59.

*Perkins, Kyle. (1980) Using objective methods of attained writing proficiency to discriminate among holistic evaluations. *TESOL Quarterly* 14 (1): pp.61–69.

Perkins, Kyle. (1983) On the use of composition scoring techniques, objective measures, and objective tests to evaluate ESL writing ability. *TESOL Quarterly* 17 (4): pp.651–671.

Plonsky, Luke and Frederick L. Oswald. (2014) How big is "big"? Interpreting effect sizes in L2 research. *Language Learning* 64 (4): pp.878–912.

*Pongsiriwet, Charuporn. (2001) *Relationships among Grammatical Accuracy, Discourse Features, and the Quality of Second Language Writing: The*

Case of Thai EFL Learners (Doctoral dissertation). West Virginia University, ProQuest Dissertations & Theses A&I. (3022059)

Read, John. (2000) *Assessing Vocabulary*. Cambridge: Cambridge University Press.

*Reid, Joy. (1986) Using the writer's workbench in composition teaching and testing. In Charles W. Stansfield. (ed.) *Technology and Language Testing*, pp.167–188. Alexandria, VA: TESOL.

Robinson, Peter. (ed.) (2001) *Cognition and Second Language Instruction*. Cambridge: Cambridge University Press.

Rosenthal, Robert. (1979) The file drawer problem and tolerance for null results. *Psychological Bulletin* 86 (3): pp.638–641.

*Sadeghi, Karim and Sholeh K. Dilmaghani. (2013) The relationship between lexical diversity and genre in Iranian EFL learners' writings. *Journal of Language Teaching and Research* 4 (2): pp.328–334.

Schoonen, Rob, Amos van Gelderen, Reinoud D. Stoel, Jan Hulstijn, Kees de Glopper. (2011) Modeling the development of L1 and EFL writing proficiency of secondary school students. *Language Learning* 61 (1): pp.31–79.

*Schuler, Peter (1992). *Assessment of English Proficiency: A Computer-Assisted Approach* (Doctoral dissertation). University of San Francisco, ProQuest Dissertations & Theses A&I. (9235751)

Seifeddin, Ahmed H. and Hanan G. M. Ebedy. (2016) The effects of the frequency of lexical errors on the quality of EFL learners' writing through email communication. *Journal of Research in Curriculum, Instruction and Educational Technology* 41 (3459): pp.1–25.

*Shea, Mark C. (2011) *Cohesion in Second Language Writing* (Doctoral dissertation). Michigan State University, ProQuest Dissertations & Theses A&I. (3466231)

*Shi, Limin and David Qian. (2012) How does vocabulary knowledge affect Chinese EFL learners' writing quality in web-based settings? Evaluating the relationships among three dimensions of vocabulary knowledge and writing quality. *Chinese Journal of Applied Linguistics* 35 (1): pp.117–127.

Skehan, Peter. (1998) *A Cognitive Approach to Language Learning*. Oxford University Press.

Skehan, Peter. (2009) Modelling second language performance: Integrating complexity, accuracy, fluency, and lexis. *Applied Linguistics* 30 (4): pp.510–532.

*Song, Minyung. (2007) *A Correlational Study of the Holistic Measure with the Index Measure of Accuracy and Complexity in International English-as-a-Second-Language (ESL) Student Writings* (Doctoral dissertation). The University of Mississippi, ProQuest Dissertations & Theses A&I. (3246048)

*Tracy, Glenn E. (1989) *The Effects of Sentence-Combining Practice on Syntactic Maturity and Writing Quality in ESL Students in Freshman Composition* (Doctoral dissertation). Edward.Oklahoma State University, ProQuest Dissertations & Theses A&I. (9004042)

*Verspoor, Marjolijn, Monika S. Schmid and Xiaoyan Xu. (2012)　A dynamic usage based perspective on L2 writing. *Journal of Second Language Writing* 21 (3): pp.239–263.

Weigle, Sara C. (2002) *Assessing Writing*. Cambridge: Cambridge University Press.

*Wistner, Brian. (2014) *Effects of Metalinguistic Knowledge and Language Aptitude on Second Language Learning* (Doctoral dissertation). Temple University, ProQuest Dissertations & Theses A&I. (3611192)

Wolfe-Quintero, Kate, Shunji Inagaki and Hae-Young Kim. (1998) *Second Language Development in Writing: Measures of Fluency, Accuracy, & Complexity*. University of Hawai'i Press.

*Yang, Weiwei. (2014) *Mapping the Relationships among the Cognitive Complexity of Independent Writing Tasks, L2 Writing Quality, and Complexity, Accuracy and Fluency of L2 Writing* (Doctoral dissertation). Georgia State University, ProQuest Dissertations & Theses A&I. (3637700)

*Yang, Weiwei, Xiaofei Lu and Sara C. Weigle.　(2015) Different topics, different discourse: relationships among writing topic, measures of syntactic complexity, and judgments of writing quality. *Journal of Second Language Writing* 28: pp.53–67.

*Yu, Guoxing. (2009) Lexical diversity in writing and speaking task performances. *Applied Linguistics* 31 (2): pp.236–259.

*Zhang, Aiping. (2010) Use of cohesive ties in relation to the quality of compositions by Chinese college students. *Journal of Cambridge Studies* 5 (2-3): pp.78–86.

*Zhang, Xiaolin. (1993) *English Collocations and Their Effect on the Writing of Native and Non-Native College Freshmen* (Doctoral dissertation). Indiana University of Pennsylvania, ProQuest Dissertations & Theses A&I. (9319454)

山田剛史・井上俊哉（2012）『メタ分析入門：心理・教育研究の系統的レビューのために』東京大学出版会.

4. 学習者コーパス研究と自動採点

小林雄一郎

4.1 学習者コーパス研究とは

　学習者コーパス (learner corpus) とは，外国語学習者が産出した言語を集めたコーパス(電子化したテキストのデータベース)である．具体的には，学習者が書いたライティング，あるいは，学習者が話したスピーキングのデータ(多くの場合は，書き起こし)がコーパスに収録される．また，学習者の言語に対して，品詞，構文，誤りに関するメタ情報が付与されることもある．

　歴史的に見れば，学習者言語を実証的に研究する学習者コーパス研究 (learner corpus research) は，1950 年代から 1970 年代の第二言語習得研究で注目された対照分析(contrastive analysis)，誤り分析(error analysis)やパフォーマンス分析(performance analysis)の流れを汲んでいるとされる (e.g., Tono 2002)．しかし，1980 年代以降の学習者コーパス研究では，伝統的な第二言語習得研究と異なり，正用と誤用の両方を含む学習者のパフォーマンス全体がデータベース化されるため，研究対象となる言語項目だけではなく，多角的な観点から学習者言語を分析することが可能になった．また，学習者言語が電子化されるため，データの共有が容易になった．

　現在，学習者コーパス研究の分野では，多種多様なトピックが扱われている．図 1 は，2019 年の 9 月にワルシャワで開催された 5th Learner Corpus Research Conference (LCR 2019)[1] の採択論文のタイトルから作成したワードクラウドである．この図に描かれた高頻出語には *development*, *crosslinguistic*, *longitudinal*, *tasks* などの単語が含まれており，非常に

図1　LCR 2019 の採択論文のタイトルから作成したワードクラウド

　大雑把にではあるが，学習者コーパス研究の諸相が垣間見える．
　1990 年代から 2000 年代初頭の学習者コーパス研究では，母語話者と非母語話者を比較し，学習者が統計的に有意に過剰使用(overuse)，または過少使用(underuse)しがちな目標言語の言語的特徴を特定する試みが多くなされていた(e.g., Granger 1998)．これは，学習者による過剰使用と過少使用，そして誤用(misuse)を定量的に分析することで，言語習得における母語の影響を探り，言語教育に有益な情報を得ようとするアプローチである．
　2000 年代以降は，学習者の習熟度の情報が付与されたコーパスが整備され始め，コーパスに基づく言語習得や言語発達の研究が増えてきた(e.g., Abe 2014; Murakami 2016)．また，大規模な話し言葉コーパスが公開されたことにより，学習者の書き言葉と話し言葉を比較する研究も出てきた(e.g, Ishikawa 2015; Kobayashi 2013)．そして，近年は，同一の学習者のパフォーマンスを時系列で収集する経年的(longitudinal)な学習者コーパスの構築・分析も注目されている(e.g, Meunier and Littré 2013; Vyatkina 2013)．
　現在，コーパスから様々な言語的特徴を抽出する自然言語処理(natural language processing)の技術，コーパスから抽出された大量の頻度情報を効率的に分析するための機械学習(machine learning)の技術の発展にともない，学習者コーパス研究の方法論も多様化・高度化している．それと同時に，学習者コーパスの仕様そのものに対する見直しも行われ，データの収集方法や

メタ情報の付与方法の手続きをさらに精緻化しようとする流れも見られる.

4.2　主要な学習者コーパス

　学習者コーパスに関しては，ベルギーのルーヴァン・カトリック大学 (Université catholique de Louvain) の英語コーパスセンター (Centre for English Corpus Linguistics) のウェブサイトに網羅的にまとめられている[2]. 以下の表1は，そのリストから主要な英語学習者コーパスを抜粋したものである.

表1　主要な学習者コーパス

Corpus	Target language	First language	Medium	Text type/ task type	Proficiency level	Size in word
The Cambridge Learner Corpus (CLC)	English	Various	written	Exam scripts	Various	c. 50 m.
The ETS Corpus of Non-Native Written English	English	11 languages	written	12,100 TOEFL English essays	-	-
The Hong Kong University of Science & Technology learner corpus (HKUST)	English	Chinese - mostly Cantonese	written	Untimed assignments written for EFL courses and school leaving exams	University and advanced high school students	c. 25 m.
The International Corpus Network of Asian Learners of English (ICNALE)	English	Chinese Japanese Korean etc.	written and spoken	Controlled speeches and essays L1 productions by 350 NS	Various	c. 1.8 m.
The International Corpus of Learner English (ICLE)	English	Various	written	Argumentative and literary essays	High-intermediate to advanced	c. 3 m.
The Japanese English as a Foreign Language Learner Corpus (JEFLL)	English	Japanese	written	Student essays	From beginning to intermediate	c. 700,000
The Lang-8 Learner Corpora	English	Various	written	texts from Lang-8, a social networking site for language learning	-	-

Longitudinal Database of Learner English (LONGDALE)	English	Various	spoken and written	Range of text types/task types. Longitudinal data	From intermediate to advanced	-
The Longman Learners' Corpus (LLC)	English	Various	written	Essays and exam scripts	Various	c. 10 m.
The Louvain International Database of Spoken English Interlanguage (LINDSEI)	English	Various	spoken	Interviews and picture descriptions	High-intermediate to advanced	c. 800,000
The Japanese Learner English Corpus (NICT JLE)	English	Japanese	spoken	English oral proficiency interview test	various	2 m.

　初期の学習者コーパス研究で大きな役割を果たしたのは，The International Corpus of Learner English (ICLE) である．2002 年に初版が公開され，2009 年には 16 か国（ブルガリア，中国，チェコ，オランダ，フィンランド，フランス，ドイツ，イタリア，日本，ノルウェー，ポーランド，ロシア，スペイン，スウェーデン，トルコ，ボツワナ）の英語学習者のデータを含む第 2 版が公開された．学習者の習熟度，ライティング課題のトピックや実施環境が比較的統制されており，学習者言語の対照研究に用いることが想定されている．また，ICLE と同様の課題を母語話者が行った The Louvain Corpus of Native English Essays (LOCNESS) という参照コーパスが整備されているため，母語話者のライティングと学習者のライティングを比較することができる．そして，書き言葉を収録した ICLE は，話し言葉を収録した The Louvain International Database of Spoken English Interlanguage (LINDSEI) と比較することも可能である．

　我が国で構築された大規模な学習者コーパスとしては，The Japanese English as a Foreign Language Learner Corpus (JEFLL) が最も古いものである．このコーパスは，日本人中高生約 1 万人のライティングを収録している．また，日本人英語学習者 1,281 人のスピーキングを収録した The Japanese Learner English Corpus (NICT JLE) は，個々の発話データ（書き

起こし）に Standard Speaking Test の結果に基づく 9 段階の習熟度情報が付
与されているため，言語発達の研究に活用することができる．そして，The
International Corpus Network of Asian Learners of English（ICNALE）には，
書き言葉と話し言葉の両方が収録されており，同じ条件下で収集されたアジ
ア各国の学習者のデータや母語話者のデータも公開されている．

　なお，自動採点（automated scoring）研究のサンプルデータとしては，TOEFL
のライティングデータを集めた The ETS Corpus of Non-Native Written
English[3] を挙げることができる．このデータは，2006 ～ 2007 年にアラビア
語，中国語，フランス語，ドイツ語，ヒンディー語，イタリア語，日本語，
韓国語，スペイン語，テルグ語，トルコ語を母語とする学習者によって書か
れた 12,100 本の英語のエッセイを含んでいる．そして，学習者の習熟度と
プロンプト（トピック）に関するメタデータも含まれている．

　また，自動誤り検出（automated error detection）や自動誤り訂正（automated
error correction）の研究では，The Lang-8 Learner Corpora[4] などが用いら
れることもある．このデータは，相互添削型 SNS である Lang-8 で収集さ
れた学習者が書いた文章と母語話者による添削が含まれている．そして，
Lang-8 でサポートされている 80 種類の言語データが含まれている．

4.3　発達指標研究

　学習者コーパス研究と自動採点の接点の 1 つは，発達指標（developmental
index）の研究である．発達指標は，学習者の習熟度判定に有効な言語項目（語
彙・文法・形態の使用，または誤用など）のことであり，習熟度情報が付与
された学習者コーパスを解析することで特定される．

　我が国では，大規模な習熟度情報付き学習者コーパスが早い段階で整備さ
れたため，2000 年代以降，数多くの発達指標研究が行われた．たとえば，
Tono（2013）は，JEFLL Corpus を用いた発達指標研究の主な成果について，
以下のようにまとめている．

　・冠詞の誤りは全ての発達段階に見られ，冠詞が習得されるのは，世界的

　　な平均よりもかなり遅い
- ・ 所有格の 's は，世界的な平均よりも早く習得される
- ・ 初級の学習者は，動詞関連の 3-grams が特徴的である
- ・ 動詞関連の誤りは，初級の学習者に多く見られる
- ・ 名詞関連の誤りは，上級の学習者に多く見られる
- ・ 名詞句の内部構造は，発達段階と密接に関わる
- ・ 関係節と *that* 節は，最上級の学習者に特徴的である

　また，投野 (2004) は，NICT JLE Corpus を分析し，日本人英語学習者の話し言葉に以下のような発達指標があることを明らかにした．

- ・ レベルが上がると，発話量が増える
- ・ レベルが上がると，語彙が豊富になる
- ・ レベルが上がると，より複雑な文を使えるようになる
- ・ 初級レベルでは，つなぎ言葉が多い
- ・ 初級レベルでは，*thank you* などの定型パターンが多い
- ・ 初級〜中級レベルでは，基本動詞による短文の羅列が多い
- ・ 中級レベル以上では，強調副詞・*that* 節・接続詞・冠詞が多用される
- ・ 中級レベル以上では，過去形の表現が多くなる
- ・ 上級レベルでは，代名詞 *you* が多用される
- ・ 上級レベルでは，従属節や関係節が多くなる

　そして，図 2 は，日本人学習者の書き言葉 (JEFLL Corpus) と話し言葉 (NICT JLE Corpus) を解析し，特定された発達指標を図としてまとめたものである．
　自動採点では，学習者の習熟度と密接に関わる言語項目を特徴量として用いるため，発達指標研究から得られた知見は，極めて有用である．自動採点では，発達指標として有効な言語項目の情報を用いて，学習者の習熟度を判定する．

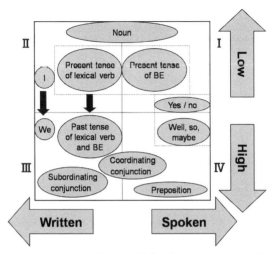

図 2　日本人学習者の発達指標（Kobayashi 2013）

4.4　学習者コーパスを用いた自動採点研究

　自動採点の精度を向上させるためには，分析対象となる学習者のパフォーマンスを正しく評価するための特徴量の選択が不可欠となる．自動採点で用いられる古典的な特徴量としては，語数や文の長さといった基本的なテキスト情報がある．また，自然言語処理の研究者による自動採点の研究では，単語や品詞の連鎖情報（n-gram）が特徴量として用いられることが多い.

　以下，本節では，コーパス研究と関連の強い特徴量を3つほど紹介する．これらの特徴量のセットは，テキストの語彙的・文法的な側面だけでなく，意味や談話に関する側面を評価するのに有用なものである.

4.4.1　Biber の言語項目

　自動採点で有用な特徴量セットとして，Attali（2013）は，Biber（1988）の言語項目を挙げている．Biber の言語項目は，コーパス言語学の分野で，英文テキストの様々な言語変種の研究に活用されている（e.g., Conrad and Biber 2001; Frignal 2013; Sardinha and Pinto 2014）．そして，母語話者による言語使用のみならず，学習者の習熟度判定にも用いることができる（e.g., Abe

2014）.

　Biber の言語項目のリストには複数のバージョンが存在する．また，自動採点の研究では，いくつかの言語項目が追加されたり，削除されたりすることもある．たとえば，表2は，Kobayashi and Abe（2016）で用いられた言語項目のリストである．このリストには，Biber（1988）の67種類の言語項目のうち，7種類の言語項目（demonstratives, gerunds, present participial clauses, past participial clauses, present participial WHIZ deletion relatives, sentence relatives, subordinator-that deletion）を除く60種類の言語項目が含まれている．また，流暢性に関する言語項目も重要であるという Attali（2013）の指摘に基づき，語数と文の長さに関する3つの項目が追加されている（tokens, types, mean length of sentences）.

表2　Kobayashi and Abe（2016）で用いられた Biber の言語項目

A. Tense and aspect markers

1. past tense, 2. perfect aspect, 3. present tense

B. Place and time adverbials

4. place adverbials, 5. time adverbials

C. Pronouns and pro-verbs

6. first person pronouns, 7. second person pronouns, 8. third person pronouns (excluding *it*), 9. pronoun *it*, 10. demonstrative pronouns, 11. indefinite pronouns, 12. pro-verb *do*

D. Questions

13. direct WH-questions

E. Nominal forms

14. nominalizations, 15. other total nouns

F. Passives

16. agentless passives
17. *by*-passives

G. Stative forms

18. *be* as main verb, 19. existential *there*

H. Subordination

H1. Complementation

20. *that* verb complements, 21. *that* adjective complements, 22. WH-clauses, 23. infinitives

H2. Participial forms

24. past participial postnominal (reduced relative) clauses

H3. Relatives

25. *that* relatives in subject position, 26. *that* relatives in object position, 27. WH relatives in subject position, 28. WH relatives in object position, 29. WH relatives with fronted preposition

H4. Adverbial clauses

30. causative adverbial subordinators, 31. concessive adverbial subordinators, 32. conditional adverbial subordinators, 33. other adverbial subordinators

I. Prepositional phrases, adjectives, and adverbs

34. total prepositional phrases, 35. attributive adjectives, 36. predicative adjectives, 37. total adverbs (except conjuncts, hedges, emphatics, discourse particles, downtoners, amplifiers)

J. Lexical classes

38. type/token ratio, 39. word length, 40. conjuncts, 41. downtoners, 42. hedges, 43. amplifiers, 44. emphatics, 45. discourse particles

K. Modals

46. possibility modals, 47. necessity modals, 48. predictive modals

L. Specialized verb classes

49. public verbs, 50. private verbs, 51. suasive verbs, 52. *seem* and *appear*

M. Reduced forms and dispreferred structures

53. contractions, 54. stranded prepositions, 55. split infinitives, 56. split auxiliaries

N. Coordination

57. phrasal coordination, 58. independent clause coordination (clause initial *and*)

O. Negation

59. synthetic negation, 60. analytic negation

P. Fluency
61. tokens, 62. types, 63. mean length of sentences

　Kobayashi and Abe（2016）では，表2に挙げた63種類の言語項目を用いて，NICT JLE Corpusにおける1,281人の日本人英語学習者のスピーキング能力を判定している．なお，この研究におけるスピーキング能力は，Standard Speaking Test（SST）の9段階のレベルである．

　表3は，63種類の言語項目を特徴量とするスピーキングの自動採点結果

である．自動採点にあたっては，決定木のアンサンブル学習に基づくランダムフォレスト（Breiman 2001）という統計手法が用いられている．この表を見ると，9段階のレベル判定の精度が約 60% であったことが分かる．

表 3　1,281 人の日本人英語学習者のスピーキング能力の自動採点結果

Level	1	2	3	4	5	6	7	8	9	Accuracy
1	0	3	0	0	0	0	0	0	0	0.00%
2	0	21	14	0	0	0	0	0	0	60.00%
3	0	2	145	74	1	0	0	0	0	65.32%
4	0	0	33	407	40	2	0	0	0	84.44%
5	0	0	0	102	119	14	1	0	0	50.42%
6	0	0	0	19	61	39	5	5	1	30.00%
7	0	0	0	1	21	24	21	9	1	27.27%
8	0	0	0	0	12	14	22	4	4	7.14%
9	0	0	0	0	1	5	14	6	14	35.00%
Total accuracy rate										60.11%

　図 3 は，1,281 人の日本人英語学習者のスピーキング能力を判定する際に有効であった言語項目のトップ 10 である（横軸の変数重要度は，ランダムフォレストの計算過程で求められるジニ係数の平均減分に基づく）．この図

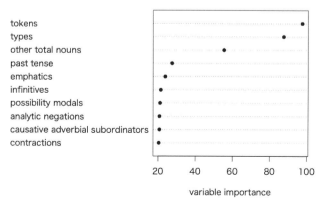

図 3　スピーキング能力の判定に有効であった言語項目（トップ 10）

では，発話における総語数，異語数，名詞の頻度などが特に有効であったことが示されている．

　一般的に，習熟度が上がるにつれて，学習者が使えるようになる言語項目が増える．そして，それにともない，各言語項目の使用頻度が高くなっていく．しかし，名詞のような一部の項目は，学習者の習熟度が上がるにつれて，使用頻度が低くなっていく（発話における単語の羅列が減少するため）．図4は，各レベルの学習者による名詞の使用頻度（100 語あたりの相対頻度）を箱ひげ図で可視化したものである．この図を見ると，低いレベルの学習者ほど，名詞の使用頻度が高いことが分かる．このような習熟度と負の相関関係を持つ言語項目は，非常に興味深い．

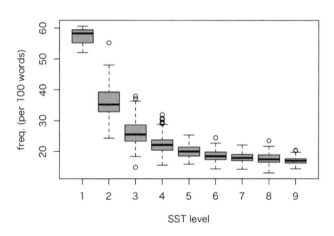

図4　各レベルの学習者による名詞の使用頻度（100 語あたりの相対頻度）

4.4.2　Hyland のメタ談話標識

　英語学習者の書き言葉を対象とする自動採点では，Hyland（2005）で提案されているメタ談話標識のリストが有効な場合もある．メタ談話標識とは，「書き言葉，あるいは話し言葉のテキストにおける言語要素で，命題内容に何かを付け加えるものではなく，聞き手や読み手が与えられた情報を系統立て，解釈し，評価することを助けるためのもの」（Crismore, Markkanen, and Steffensen, 1993）と定義されている．そして，メタ談話標識の研究で最も

よく使われる Hyland（2005）のリストは，様々な先行研究をベースとして，
表4のような10種類の機能カテゴリーに分類される約400種類の談話表現
を網羅的に収録したものである．また，このリストは，コーパスに基づく統
計的研究を想定して作成されたものであり，これまでにアカデミック・ライ
ティングを始め，教科書，学位論文，ビジネスレターなど，様々な言語デー
タの分析で用いられている．

表4　Hyland（2005）によるメタ談話標識のリスト

Category	Function	Examples
Interactive resources	**Help to guide reader through the text**	
Transitions (TRA)	Express semantic relation between main clauses	*in addition, but, thus, and*
Frame markers (FRM)	Refer to discourse acts, sequences, or text stages	*finally, to conclude, my purpose here is to*
Endophoric markers (END)	Refer to information in other parts of the text	*noted above, see Fig, in section 2*
Evidentials (EVI)	Refer to source of information from other texts	*according to X, (Y, 1990), Z states*
Code glosses (COD)	Help readers grasp functions of ideational material	*namely, e.g., such as, in other words*
Interactional resources	**Involve the reader in the argument**	
Hedges (HED)	Without writer's full commitment to proposition	*might, perhaps, possible, about*
Boosters (BOO)	Emphasize force or writer's certainty in proposition	*in fact, definitely, it is clear that*
Attitude markers (ATM)	Express writer's attitude to proposition	*unfortunately, I agree, surprisingly*
Engagement markers (ENG)	Explicitly refer to or build relationship with reader	*consider, note that, you can see that*
Self-mentions (SEM)	Explicit reference to author(s)	*I, we, my, our*

　小林・田中・冨浦（2011）は，Hyland（2005）のメタ談話標識を特徴量とし
て用いて，英語科学論文の文章の質を自動採点している．分析対象は，ウェ
ブ上で公開されている英語科学論文を収集したものである[5]．また，それぞ
れの論文には，英語を母語とする複数の英文添削の専門家によって，各論文
の表現上の質評価やコメントなどの情報が付与されている．表現上の質評価
とは，内容（新規性や論理性など）に関する評価ではなく，科学論文としての
表現に関する評価を指し，「英文中の表現の誤りの種類（軽微な誤り／非母語

話者特有の誤り）と回数」と「各分野で高い評価を得ている学術雑誌にその
まま掲載できるものかどうか」によって規定されている．なお，「軽微な誤
り」とは，科学論文に通じた母語話者でも犯すようなミススペリングや編集
ミスといったものである．「非母語話者特有の誤り」とは，母語話者は決し
て犯さない文法的誤りや不自然なコロケーション，科学論文としては不自然
な表現（まわりくどい表現，古風な表現，カジュアルな表現）などである．

　小林・田中・冨浦 (2011) で分析された論文の総数は 781 本（総語数は
5,256,051 語）で，その中に英文添削の専門家が質の高い論文であると判定
したものが 384 本（総語数は 3,177,966 語），稚拙な論文であると判定したも
のが 397 本（総語数は 2,078,085 語）含まれている．

　表 5 は，メタ談話標識を特徴量とするランダムフォレストを用いて，質の
高い論文と稚拙な論文を判定した結果である．この表を見ると，81.79% の
論文の質が正しく判定されていることが分かる．

表 5　英語科学論文における文章の質判定の結果

	質の高い論文	稚拙な論文	Accuracy
質の高い論文	154	38	80.21%
稚拙な論文	33	165	83.33%
Total accuracy rate			81.79%

　そして，ジニ係数の平均減分から個々のメタ談話標識の重要度を推定し，
重要度トップ 30 表現を抽出している．表 6 は，重要度トップ 30 表現を 10
種類の機能カテゴリー別にまとめ，質の高い論文と稚拙な論文における使用
頻度（100 万語あたりの相対頻度）の差異係数を求めた結果である．なお，こ
の表において，差異係数が正の値の表現は質の高い論文に高い頻度で生起す
ることを表し，負の値の表現は稚拙な論文に高い頻度で生起することを表し
ている．

表 6 質判定における重要度トップ 30 表現の相対頻度と差異係数

	メタ談話標識	相対頻度（100 万語あたり）		差異係数
		質の高い論文	稚拙な論文	
TRA	on the other hand	129.96	339.25	-0.45
	also	1792.34	2163.05	-0.09
	therefore	472.63	848.38	-0.28
	but	2124.94	1448.45	0.19
FRM	subsequently	120.83	16.36	0.76
	purpose	120.20	193.93	-0.23
COD	called	297.99	554.36	-0.30
	or	3763.41	2932.99	0.12
	such as	847.71	1067.81	-0.11
HED	could	814.71	483.62	0.25
	likely	368.47	153.03	0.41
	would	1377.93	717.97	0.31
	perhaps	149.78	26.47	0.70
	may	1553.82	1105.34	0.17
	appear	207.05	107.79	0.32
	apparent	107.93	37.05	0.49
	almost	182.19	245.90	-0.15
	largely	69.23	33.68	0.35
BOO	shown	778.49	1248.26	0.24
	realize	25.80	92.87	-0.57
	must	765.58	478.81	0.23
	shows	578.04	1162.61	-0.34
	evident	39.65	13.47	0.49
	found	537.45	495.17	0.04
ENG	allow	213.34	129.45	0.24
	determine	268.73	171.79	0.22
	ensure	74.89	47.64	0.22
	order	657.02	926.33	-0.17
	see	825.06	689.58	0.09
SEM	we	5534.99	7252.35	-0.13

　表 6 を見ると，これらの 30 表現のうち，21 表現が論文の読み手を議論に巻き込んでいく interactional resources（HED, BOO, ENG, SEM）であることが分かる．とりわけ，30 表現の中に HED が 9 種類も含まれていることは特筆に値する．メタ談話標識の研究において，HED は，書き手の習熟度を如実に表す項目の 1 つであることが知られている（小林 2010a）．言うまでも

なく，学術的な議論を展開するにあたって，書き手の懐疑や確信を適切に表現することは非常に重要なことである．特に，HED は，自らの主張を弱めることで，逆に議論そのものを強くする働きを持っており（Meyer 1997），それを巧みに使いこなせるかどうかが優れた書き手と稚拙な書き手を分ける "rhetorical gap"（Hyland 1995）である．

HED 以外の意味カテゴリーでは，ENG が質の高い論文に特徴的で，TRA と SEM が稚拙な論文に特徴的である．その中で，TRA は，稚拙な書き手が過剰使用する言語項目である（小林 2010b）．また，SEM の多用に関しては，この研究の分析データにおける稚拙な論文の書き手に日本人が多く含まれていることと関係がある．他の様々な言語を背景に持つ書き手（母語話者も含む）と比べて，日本語を背景とする書き手は，I や we などの SEM を極めて高い頻度で用いることが知られている（Kobayashi 2016）．

4.4.3　Coh-Metrix

テキストの意味的・談話的な分析を行うツールの 1 つとして，Coh-Metrix がある[6]．Coh-Metrix は，語彙の数や文の長さのようなテキストの形式的な面だけではなく，文と文，あるいはパラグラフとパラグラフの間の結束性（cohesion）や一貫性（coherence）などを視野に入れた，新しいリーダビリティ指標を算出するためのツールである（Crossley, Greenfield, and McNamara 2008）．この指標は，これまでレジスター分析（e.g., Louwerse, McCarthy, McNamara, and Graesser 2004），著者推定（e.g., McCarthy, Lewis, Dufty, and McNamara 2006），ライティングの評価（e.g., Crossley, Salsbury, and McNamara 2012），スピーキングの分析（e.g., Crossley, Salsbury, and McNamara 2011）など，様々な言語分析に応用されてきた．

小林・金丸（2012）は，表 7 に挙げた Coh-Metrix 2.0 の指標を用いて，日本人大学生が書いた 69 本の英作文を分析している．分析対象のライティングは TOEFL 形式の問題サンプルに基づくものであり，個々のライティングには自動評価システムである e-rater[7] による 5 段階の評価が付与されている[8]．

表 7　Coh-Metrix 2.0 の指標

1. Incidence of casual verbs, links, and particles (CAUSVP)
2. Ratio of causal particles to causal verbs (CAUSC)
3. Incidence of positive additive connectives (CONADpi)
4. Incidence of positive temporal connectives (CONTPpi)
5. Incidence of positive causal connectives (CONCSpi)
6. Incidence of negative additive connectives (CONADni)
7. Incidence of negative temporal connectives (CONTPni)
8. Incidence of negative causal connectives (CONCSni)
9. Incidence of all connectives (CONi)
10. Argument Overlap, adjacent, unweighted (CREFA1u)
11. Stem Overlap, adjacent, unweighted (CREFS1u)
12. Anaphor reference, adjacent, unweighted (CREFP1u)
13. Argument Overlap, all distances, unweighted (CREFAau)
14. Stem Overlap, all distances, unweighted (CREFSau)
15. Anaphor reference, all distances, unweighted (CREFPau)
16. Noun Phrase Incidence Score (DENSNP)
17. Ratio of pronouns to noun phrases (DENSPR2)
18. Number of conditional expressions, incidence score (DENCONDi)
19. Number of negations, incidence score (DENNEGi)
20. Logical operator incidence score (DENLOGi)
21. LSA, Sentence to Sentence, adjacent, mean (LSAassa)
22. LSA, sentences, all combinations, mean (LSApssa)
23. LSA, Paragraph to Paragraph, mean (LSAppa)
24. Personal pronoun incidence score (DENPRPi)
25. Mean hypernym values of nouns (HYNOUNaw)
26. Mean hypernym values of verbs (HYVERBaw)
27. Number of Paragraphs (READNP)
28. Number of Sentences (READNS)
29. Number of Words (READNW)
30. Average Sentences per Paragraph (READAPL)
31. Average Words per Sentence (READASL)
32. Average Syllables per Word (READASW)
33. Flesch Reading Ease Score (READFRE)
34. Flesch-Kincaid Grade Level (READFKGL)
35. Mean number of modifiers per noun-phrase (SYNNP)
36. Mean number of higher level constituents per word (SYNHw)
37. Mean number of words before the main verb of main clause in sentences (SYNLE)
38. Type-token ratio for all content words (TYPTOKc)
39. Celex, raw, mean for content words (FRQCRacw)
40. Celex, logarithm, mean for content words (FRQCLacw)
41. Celex, raw, minimum in sentence for content words (FRQCRmcs)

42. Celex, logarithm, minimum in sentence for content words (FRQCLmcs)
43. Concreteness, mean for content words (WORDCacw)
44. Incidence of positive logical connectives (CONLGpi)
45. Incidence of negative logical connectives (CONLGni)
46. Ratio of intentional particles to intentional content (INTEC)
47. Incidence of intentional actions, events, and particles (INTEi)
48. Mean of tense and aspect repetition scores (TEMPta)
49. Sentence syntax similarity, adjacent (STRUTa)
50. Sentence syntax similarity, all, across paragraphs (STRUTt)
51. Sentence syntax similarity, sentence all, within paragraphs (STRUTp)
52. Proportion of content words that overlap between adjacent sentences (CREFC1u)
53. Mean of location and motion ratio scores (SPATC)
54. Concreteness, minimum in sentence for content words (WORDCmcs)
55. Genre purity (GNRPure)
56. Topic sentence-hood (TOPSENr)

　表 8 は，Coh-Metrix 2.0 の指標を特徴量とするランダムフォレストによる
ライティングの自動採点の結果をまとめたものである．この表を見ると，全
体で 53.62% の精度であることが分かる．

表 8　Coh-Metrix 2.0 によるライティングの自動採点の結果

	レベル 2	レベル 3	レベル 4	レベル 5	レベル 6	Accuracy
レベル 2	0	1	2	0	0	0.00%
レベル 3	0	1	6	1	0	12.50%
レベル 4	0	2	7	8	0	41.18%
レベル 5	0	0	4	29	0	87.87%
レベル 6	0	0	0	8	0	0.00%
Total accuracy rate						53.62%

　そして，56 種類の指標に関して，ジニ係数の平均減分に基づく変数重要
度を求めた結果，総語数 (READNW) が大きく寄与していることが分かっ
た．ライティングの評価にあたって，熟練した採点者もまずは語数を見ると
いう報告 (e.g., Erdosy 2004) もあることから，これは極めて妥当な結果であ
る．また，総語数以外の指標では，文数 (READNS)，平均文長 (READASL)，
場所を表す前置詞と動作を表す前置詞の比率 (SPATC)，意図的な動作や出
来事の数 (INTEi)，名詞句の数 (DENSNP) なども，この研究におけるライ

ティングの自動採点に寄与していることが明らかにされた.

4.5　おわりに

　本章ではまず，学習者コーパス研究の歴史，主要な学習者コーパスの種類・仕様・特徴などを概観した．また，学習者コーパスを用いた発達指標研究から得られた知見に基づき，異なる発達段階にある学習者を統計的に弁別するための特徴量をまとめた．そして，コーパス研究と関連の強い特徴量のセットを3種類ほど検討し，それらの特徴量セットを用いた研究事例を紹介した.

　前述のように，自動採点の精度を向上させるためには，学習者のパフォーマンスを正しく評価するための特徴量の選択が必須である．その意味において，異なる発達段階にある学習者の言語的特徴を定量的に記述する学習者コーパス研究から得られる知見は極めて有用である.

注

1　https://lcr2019.ils.uw.edu.pl/（2019 年 9 月 1 日アクセス）

2　https://uclouvain.be/en/research-institutes/ilc/cecl/learner-corpora-around-the-world.html（2019 年 9 月 1 日アクセス）

3　https://catalog.ldc.upenn.edu/LDC2014T06（2019 年 9 月 1 日アクセス）

4　https://sites.google.com/site/naistlang8corpora/（2019 年 9 月 1 日アクセス）

5　具体的な収集方法に関しては，田中・柴田・冨浦（2011）を参照.

6　http://www.cohmetrix.com/（2019 年 9 月 1 日アクセス）

7　https://www.ets.org/erater/about（2019 年 9 月 1 日アクセス）

8　e-rater はライティングをレベル 1 からレベル 6 までの 6 段階で評価するが，この研究の分析データにはレベル 1 のライティングは含まれていない.

参考文献

小林雄一郎（2010a）「多変量アプローチによる英語学習者のレトリック分析」田畑智

司（編）『統計学的テクスト分析』（統計数理研究所共同研究リポート No. 245）pp.1–22.

小林雄一郎（2010b）「多変量アプローチで見る英語学習者の接続表現」田畑智司（編）『電子化言語資料分析研究 2009-2010』（言語文化共同研究プロジェクト 2009）pp.3–27.

小林雄一郎・金丸敏幸（2012）「Coh-Metrix とパターン認識を用いた課題英作文の自動評価」『人文科学とコンピュータシンポジウム論文集—つながるデジタルアーカイブ』（pp.259–266）. 東京 : 情報処理学会.

小林雄一郎・田中省作・冨浦洋一（2011）「メタ談話標識を素性とするパターン認識を用いた英語科学論文の質判定」『人文科学とコンピュータシンポジウム論文集—「デジタル・アーカイブ」再考』（pp.51–58）. 東京 : 情報処理学会.

田中省作・柴田雅博・冨浦洋一（2011）「Web を源とした質情報付き英語科学論文コーパスの構築法」『英語コーパス研究』18: pp.61–71.

投野由紀夫（2004）「The NICT JLE Corpus に見る英語学習者の発表語彙の使用状況」和泉絵美・内元清貴・井佐原均（編）『日本人1200人の英語スピーキングコーパス』（pp.96–112）. アルク.

Abe, Mariko. (2014) Frequency change patterns across proficiency levels in Japanese EFL learner speech. *Journal of Applied Language Studies* 8(3): pp.85–96.

Attali, Yigal. (2013) Validity and reliability of automated essay scoring. In M. Shermis and J. Burstein (Eds.), *Handbook of automated essay evaluation: Current applications and new directions* (pp.181–198). New York: Routledge.

Biber, Douglas. (1988) *Variation across speech and writing.* Cambridge: Cambridge University Press.

Breiman, Leo. (2001) Random forests. *Machine Learning* 45: pp.5–23.

Conrad, Susan, and Biber, Douglas. (2001) *Variation in English: Multi-dimensional studies.* Harlow: Longman.

Crismore, Avon, Markkanen, Raija, and Steffensen, Margaret. (1993) Metadiscourse in persuasive writing: A study of texts written by American and Finnish students. *Written Communication* 10: pp.37–71.

Crossley, Scott A., Greenfield, Jerry, and McNamara, Danielle. S. (2008) Assessing text readability using cognitively based indices. *TESOL Quarterly* 42(3): pp.475–493.

Crossley, Scott A., Salsbury, Tom, and McNamara, Danielle. S. (2011) What is lexical proficiency? Some answers from computational models of speech data. *TESOL*

Quarterly 45(1): pp.182–193.

Crossley, Scott A., Salsbury, Tom, and McNamara, Danielle. S. (2012) Predicting the proficiency level of language learners using lexical indices. *Language Testing* 29(2): pp.243–263.

Erdosy, Usman M. (2004) Exploring variability in judging writing ability in a second language: A study of four experienced raters of ESL compositions. *TOEFL Research Reports* 70: pp.1–62.

Frignal, Eric. (2013) Twenty-five years of Biber's multi-dimensional analysis: Introduction to the special issue and an interview with Douglas Biber. *Corpora* 8(2): pp.137–152.

Granger, Sylviane. (Ed.) (1998) *Learner English on computer.* London: Longman.

Hyland, Ken. (1995) The author in the text: Hedging scientific writing. *Hong Kong Papers in Linguistics and Language Teaching* 18: pp.33–42.

Hyland, Ken. (2005) *Metadiscourse: Exploring interaction in writing.* New York: Continuum.

Ishikawa, Shin'ichiro. (2015) Lexical development in L2 English learners' speeches and writings. *Procedia - Social and Behavioral Science* 198: pp.202–210.

Kobayashi, Yuichiro. (2013) Analyzing developmental patterns of vocabulary used by Japanese EFL learners: A comparison of spoken and written learner corpora. In S. Granger, G. Gilquin, and F. Meunier (Eds), *Twenty years of learner corpus research: Looking back, moving ahead* (pp.277–287). Louvain-la-Neuve: Presses universitaires de Louvain.

Kobayashi, Yuichiro. (2016). Investigating metadiscourse markers in Asian Englishes: A corpus-based approach. *Language in Focus: International Journal of Studies in Applied Linguistics and ELT* 2(1): pp.19–35.

Kobayashi, Yuichiro, and Abe, Mariko. (2016) Automated scoring of L2 spoken English with random forests. *Journal of Pan-Pacific Association of Applied Linguistics* 20(1): pp.55–73.

Louwerse, Max M., McCarthy, Philip M., McNamara, Danielle S., and Graesser, Arthur C. (2004) Variation in language and cohesion across written and spoken registers. In K. Forbus, D. Gentner, and T. Regier (Eds.), *Proceedings of the 26th Annual Meeting of the Cognitive Science Society* (pp.843–848). Mahwah: Erlbaum.

McCarthy, Philip M., Lewis, Gwyneth A., Dufty, David. F., and McNamara, Danielle. S.

(2006) Analyzing writing styles with Coh-Metrix. *Proceedings of the Florida Artificial Intelligence Research Society International Conference (FLAIRS)* (pp.764–769). Menlo Park: AAAI Press.

Meunier, Fanny, and Littré, Damien. (2013) Tracking learners' progress: Adopting a dual 'corpus cum experimental data' approach. *The Modern Language Journal* 97(S1): pp.61–76.

Meyer, Paul G. (1997) Hedging strategies in written academic discourse: Strengthening the argument by weakening the claim. In R. Markkanen and H. Shroder (Eds.), *Hedging and discourse: Approaches to the analysis of a pragmatic phenomenon in academic texts* (pp.21–41). Berlin: Walter de Gruyter.

Murakami, Akira. (2016) Modeling systematicity and individuality in nonlinear second language development: The case of English grammatical morphemes. *Language Learning* 66(4): pp.834–871.

Sardinha, Tony B., and Pinto, Marcia V. (Eds.) (2014) *Multi-dimensional analysis, 25 years on: A tribute to Douglas Biber.* Amsterdam: John Benjamins.

Tono, Yukio. (2002) *The role of learner corpora in SLA research and foreign language teaching: The multiple comparison approach.* (Unpublished doctoral dissertation). Lancaster University, Lancaster, UK.

Tono, Yukio. (2013) Criterial feature extraction using parallel learner corpora and machine learning. In A. Díaz-Negrillo, N. Ballier, and P. Thompson (Eds.), Automatic treatment and analysis of learner corpus data (pp.169–203). Amsterdam: John Benjamins.

Vyatkina, Nina. (2013) Specific syntactic complexity: Developmental profiling of individuals based on an annotated learner corpus. *The Modern Language Journal* 97(S1): pp.11–30.

5. 深層学習に基づいたエッセイの自動採点

永田亮

　本章では，深層学習に基づいたエッセイ[1]の自動採点について解説する．具体的には，深層学習では何が行われており，どのような仕組みでエッセイの採点がなされるのかを概念的に説明する．自動採点を利用するという立場からは，(1) 内部でどのようなことが行われているのか，(2) その上で，何ができるのかを大まかに理解することが有益であろうと考えてのことである．そのため，技術的な厳密性よりも，理解の容易さを重視した記述となっている．

　結論から述べると，深層学習では単に数値の変換を行っているに過ぎない．エッセイに関する情報を数値として表すことができれば，エッセイの自動採点も，その数値をエッセイの得点という数値に変換する問題として捉えることができる．したがって，エッセイの自動採点という問題も深層学習の枠組みで解けることになる．

　では，なぜ深層学習を用いると，これまでに実現困難であったことが可能となるのであろう．本章では，深層学習の仕組みを模式的に説明することで，この問いに答える．加えて，エッセイという言語データの特殊性を指摘し，深層学習の枠組みを用いると，その特殊性をうまく扱えることも述べる．

5.1　準備：自動採点の基礎知識

5.1.1　機械学習による自動採点の基礎

　準備として，まずは，機械学習[2]では何が行われているかを簡単に説明す

る．既に，深層学習では数値の変換を行っているに過ぎないことを述べたが，機械学習についても同様のことがいえる[3]．

　理解を容易にするために，エッセイの自動採点という具体例を考えよう．いま，話を単純化して，エッセイの得点はエッセイの長さ（エッセイの総単語数）のみに基づいて決定されるとしよう．このように単純化した場合，エッセイの自動採点は，エッセイの長さという数値をエッセイの得点という数値に変換する問題と捉えることができる．

　機械学習では，この数値の変換規則を数式として表現する．言い換えれば，変換規則としてどのような数式を用いるかにより，機械学習（のアルゴリズム）の種類が変わる．直観的には，ライティング能力が高い人ほど，たくさん書けると考えられるので，例えば，エッセイの長さに比例してエッセイの得点が決まるという数式を想定することが可能である．その場合，

　　　エッセイの得点 = エッセイの長さ×長さの重要度

というような数式を用いることになる．これは（線形）回帰という機械学習の一種に相当する．機械学習や自然言語処理の分野では，このような数式のことを**モデル**と呼ぶことがある．

　モデル中で，訓練データに基づいて自動的に決定する値のことを**パラメタ**（上式では「長さの重要度」）と呼ぶ．ここで，**訓練データ**とは，対象（現在の例ではエッセイ）と予測する数値（同，エッセイの得点）をペアにしたデータのことである．通常，訓練データは人手で作成する．すなわち，与えられたエッセイを人手で採点し訓練データとする．訓練データを用いて，モデルのパラメタを自動的に決定することを**訓練**と呼ぶ．なお，訓練の代わりに学習という用語が使われることも多いが，本章では，人間の学習と明確に区別するために訓練という表現を用いる．

　上の例では，モデルを「エッセイの得点 = エッセイの長さ×長さの重要度」としたが，別の数式を用いてもよい．例えば，長いエッセイに対してより高い得点を与えたければ，上式の代わりに，

$$\text{エッセイの得点} = \text{エッセイの長さの2乗} \times \text{長さの重要度}$$

という式を用いることもできる.

　モデルとしてどのような数式を用いるかは通常は人間が決める. 一般に対象とする問題において, どのようなモデルを用いるべきかを決定することは難しい. そのため, 色々なモデルの性能評価を行い, 試行錯誤のうえ決定することが多い.

　以上をまとめると, 機械学習では数値の変換を行っているに過ぎず, 変換規則は, 数式(モデル)の形で与えられる. また, モデル中のパラメタは, 訓練データを用いて自動的に決定される. 機械学習の一種である深層学習についても, 当然この議論が成り立つ.

5.1.2　エッセイの数値表現

　前節でみたように, 深層学習では扱う対象を数値で表現する必要がある. そこで, 本節では, エッセイの自動採点における対象(エッセイに関する情報)を数値で表現する主な方法について触れておこう. なお, より詳細な情報は文献(高村 2010)が詳しい.

　エッセイの自動採点で取り扱う対象は, エッセイそのものとエッセイの得点である. エッセイの得点を数値で表すほうが直観的であり, 理解が容易であるため, まず, エッセイの得点の数値化から議論を始めよう.

　エッセイの得点は, 1点, 2点など数値で表されることが多い. そのため, エッセイの得点は, 特別な処理をしなくとも, 既に数値であることが多い. 仮に, Common European Framework of Reference for Languages: Learning, teaching, assessment (CEFR；ヨーロッパ言語共通参照枠)の得点のように, A1, A2, B1 のような得点でも, 順に1点, 2点, 3点と数値を割り当てることで数値化が可能である.

　機械学習では, 単一の数値ではなく, 別の表現方法もよく用いる. この表現方法では, 0と1の数値の組で得点を表す. 例えば, CEFR の場合, 通常, A1 から C2 の6段階で得点を表すが, 6段階の得点の場合, 6個の0または1の組で得点を表す. このとき, 表現したい得点に対応する箇所に1を, そ

れ以外の箇所に対しては 0 を割り当てる．得点 A1 を得点 1 とすると，一番目を 1，それ以外を 0 として (1, 0, 0, 0, 0, 0) として表すことができる．同様に，A2 であれば (0, 1, 0, 0, 0, 0) となる．ただし，どの順番で 0 と 1 を並べるかには任意性がある．A1 を (0, 1, 0, 0, 0, 0)，A2 を (1, 0, 0, 0, 0, 0) としてもよい．各得点に固有の数値の組を割り当てさえすれば任意の順番としてよい．また，別の得点範囲でも同様の表現方法を用いることができる．例えば，2 段階評価 (例えば，合否の場合) は，(1, 0) と (0, 1) を用いることになる．

このように数値の組により表記する方法を**ベクトル表現**と呼ぶ[4]．また，ベクトル表現で表された情報を単にベクトルと呼ぶ．ここまでの例では，数値として 0 と 1 をとるベクトルを考えているが，ベクトルは 0.7 や -2 のように小数や負の値をとってもよい．

以上のように，2 種類の表現方法で，同じような情報を表すことが可能である．ここで「同じような情報」と表現したように，「同一の情報」ではないことに注意が必要である．単一の数値で得点を表した場合，1 点の次は 2 点，2 点の次は 3 点のように順序関係の情報を含む．また，1 点と 2 点の差と 2 点と 3 点の差は等しいという距離関係や 3 点の 2 倍は 6 点というように比例関係も成り立つ．一方，ベクトル表現を用いた場合，これらの情報は含まない．表現できるのは，1 点と 2 点は違う得点であるという，各得点の区別のみである．

この議論に基づくと，単一の数値での表現のほうがベクトル表現より優れているように思われるかもしれない．しかしながら，どちらが優れているかということは一概にはいえない．前者は，順序関係や比例関係の情報を含むが，逆に言えば，得点に順序関係や比例関係が成り立つことを暗に仮定する．エッセイの得点の場合，順序関係の仮定は問題ないであろうが，距離関係や比例関係が成り立つかどうかは定かではない．例えば，CEFR の場合，恐らく C1 や C2 レベルの学習者の割合は，他のレベルに比べて非常に小さいことが予想される．言い換えれば，他のレベルに比べて達成が難しいと予想される．したがって，各レベル (得点) の差は異なると考えたほうが安全であろう (例えば，A1 と A2 の差より B2 と C1 の差が大きい可能性がある)．このような仮定をする必要がないというメリットがベクトル表現にはある．

どちらの表現が優れているかは，問題に依存するため一概にはいえない．ただし，以降では，深層学習の枠組で頻繁に用いられるベクトル表現を想定して議論を進めることにする．

　次に，エッセイ自体の情報の数値化に話を移そう．エッセイ自体の情報もベクトル表現で表すことができる．例えば，前節で例として挙げたエッセイの長さ（単語数）であれば，長さをいくつかの区分に分けて表す方法がある．例えば，5 つの区分の場合，0 ～ 49 語，50 語～ 99 語，100 語～ 149 語，150 語～ 199 語，200 語以上などのように分けることができる．その場合，5 つの数値の組からなるベクトルを用いることになる．例えば，50 ～ 99 語のエッセイは，$(0, 1, 0, 0, 0)$ というベクトルに変換される．

　エッセイ内の情報をより直接的に考慮して得点を予測するためには，エッセイの長さではなく単語そのものの情報を用いるほうが自然である．そのためには，単語をベクトルで表現する仕組みが必要となる．このことについては，後ほど，5.2.2 項で詳しく述べることにしよう．当面の間は，エッセイ自体の情報も得点も何らかの方法で数値化され，ベクトルとして表現されているという想定で話を進める．

5.2　深層学習に基づいたエッセイの自動採点

5.2.1　深層学習の基礎

　本節では，前節までの準備を基に，深層学習の仕組みを概念的に説明する．特に，

(i) 深層学習ではどのように数値変換を行うのか，
(ii) 深層学習はほかの機械学習の手法に比べてどの部分で優れているのか

を模式的に説明する．これらの知識は，深層学習に基づいたエッセイの自動採点の理解を容易にするであろう．

　本節でも引き続き，具体例として，エッセイの長さからエッセイの得点を予測するという想定で話を進める．言い換えれば，深層学習への入力と出力

は，それぞれ，エッセイの長さと得点である．更に，入力，出力ともベクトルとして表現されている．

　さて，唐突であるが，深層学習は，パチンコ台に例えると理解が容易かも知れない．図1に示すように，上部からパチンコ玉を入れると，台の中を通って，下部から出てくるようなパチンコ台である．このとき，上部の玉を入れる部分と下部の玉が出てくる部分が，それぞれ，入力（エッセイの情報）と出力（エッセイの得点）のベクトルに対応していると考える．どこから玉を入れるかは，図1のように，入力ベクトル中で，数値が1であるところとする．入力されたパチンコ玉は，パチンコ台の内部を通って，最下部のある箇所から出てくる．この玉が出た箇所が出力ベクトル中で値が1である箇所とみなす．全体として，玉が出た箇所は1，それ以外の箇所は全て0であるベクトルとなる．もちろん，所望の箇所から玉が出るかどうかはパチンコ台の釘の位置に依存するが，少なくとも，機械学習で必要となる数値の変換という機能はパチンコ台によって実現できている（どのように所望の箇所から玉を出すかはすぐ後に説明する）．すなわち，入力された数値（ベクトル表現

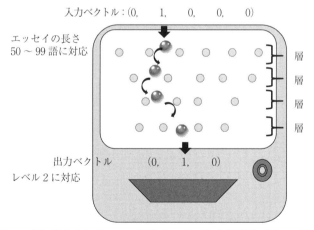

図1　パチンコ台に例えられるニューラルネット：入力情報はパチンコ玉を投入する箇所として与えられる．この例では，エッセイの長さに応じた箇所からパチンコ玉を入れている．一方，パチンコ玉が台から出てくる位置が出力情報に対応する．この例では，左から2番目の位置から玉が出ている．したがって，レベル2という採点結果となる．

されたエッセイの長さ)を別の数値(ベクトル表現されたエッセイの得点)に変換するという機能が実現されている.

　所望の箇所から玉を出すための釘の調整は，直観的かつ非常に素朴な次のような方法に基づく. なお，前提として，訓練データ(エッセイの長さとエッセイの得点をペアにしたもの)が与えられているとする. まず，釘の位置を適当に決める(ランダムに釘を配置する). ここで，パチンコ台や釘を実際に用意するのではなく，コンピュータ上でパチンコ台に相当するものを数値的に実現するということに注意が必要である. 概念的には，パチンコ台のどの位置に釘が存在するかを数値情報として用意するようなイメージである. 次に，訓練データからエッセイとその得点のペアを1つ取り出し，エッセイの長さに対応した箇所から玉を入れる. その結果，ある箇所から玉が出てくる(これもコンピュータ上で数値計算として行う). 当然，所望の箇所から玉が出る可能性は低い. 所望の箇所から玉が出なければ，最下部の釘の位置をずらす. 例えば，図2のように，現在の位置よりも左側に玉を出したければ，釘は右方向へずらすべきであろう. 最下部の釘を調整し終えたら，1つ上の層の釘も同様に調整する(くどいようであるが，これらの数値の調整も

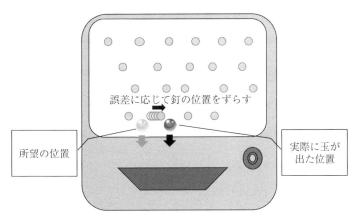

図2　パチンコ台の例を基にしたニューラルネットの訓練：ニューラルネットの訓練は，パチンコ台の所望の位置からパチンコ玉が出るように釘の位置を調整することに例えられる. その際，現在の位置と所望の位置との差により，釘の位置の調整方向と調整量を決定する. この調整は，専門用語で誤差逆伝播法と呼ばれる.

コンピュータ上で数値計算として行う). この手順を繰り返し上部まで適用する. ここまで終われば, 次のエッセイの長さとエッセイの得点のペアに対して同じことを繰り返す. 全てのペアに対して調整を終えると, 以前より所望の箇所から玉が出るようになっているであろう. 満足できるほどの精度で所望の箇所から玉が出なければ, この工程を(満足できるまで)繰り返す.

　以上が, 筆者が大学生のときに, 自分なりに解釈した深層学習[5]の仕組みである. あくまでも模式的な解釈であり, 深層学習の全てを正しく説明するわけではないが, 深層学習では何が行われているかを大まかに理解する助けにはなると思われる. ひと言で表すと, パチンコ台の釘の位置が, 数値の変換規則を表している. 釘の位置は, 訓練データを用いて試行錯誤的に少しずつ調整していく. この一見, 直観的ではあるが素朴な方法には, 誤差逆伝播法(back propagation)という名前がついており, 情報学的もしくは数学的な理論に裏付けされている. パチンコ台の例では, 実際に玉が出た位置と理想の玉の位置との差に基づいて, 下から上へ釘の位置を調整していくことを述べたが, 正に誤差逆伝播である.

　既に述べたように, 入力と出力の情報はベクトル(すなわち数値列)で表される. 同様に, 釘の位置も, 位置情報であるのでベクトルで表現できる[6]. また, 入力された玉が各層のどの釘の間を通ったかも位置情報である. したがって, これもまたベクトルで表現できる. そのため, 深層学習は, 基本的にベクトルとベクトルに対する演算で成り立っている. より具体的には, 釘の位置の調整や玉の移動処理は, ベクトル内の数値に対する足し算, 掛け算, その他の少数の演算を用いて行われる. 実際のところ, 足し算と掛け算のみからなるニューラルネットも存在する. こう考えると, 深層学習というミステリアスなブラックボックスも単なる足し算や掛け算などを利用したプログラムにすぎず, それほど複雑なものではないし, 恐れるものでもないことがわかる.

　ここまで深層学習という用語をあえて曖昧に使用していたが, この用語は複数の概念を指すため, ここで整理しておこう. パチンコ台のように数値を変換する機構そのものを深層学習と呼ぶことがある. 一方, 釘の調整方法などのように方法論全体を指す場合もある. 以降では, 曖昧さを避けるため,

数値変換の機構をニューラルネット[7]と呼ぶことにする．深層学習という用語は，方法論全体のことを指すときに用いる．

　更に，ニューラルネットの層という言葉も説明しておこう．既にパチンコ台の例で説明なしに用いているが，釘を横方向に並べたもの（ベクトルを別のベクトルに変換するもの）を層と呼ぶ．層の数が多数ある，言い換えれば，層を深くしたニューラルネット（ディープニューラルネット）を用いることが，深層学習たる所以である．筆者が初めてニューラルネットに触れた際には，2 層や 3 層のニューラルネットが主流であったと記憶している．現在では，100 層を超えるニューラルネットを扱う研究やシステムも珍しくない．まさに，深層学習時代である．ただし，どれぐらい層が深いと深層学習と呼ぶのかの一般的な基準はない[8]．

　直観的には，層を増やすと釘の数が増え，より複雑な玉の動きを実現できる．このことは，層を増やすことで，ニューラルネットの性能が向上することを示唆する．しかしながら，層を増やせば増やすほどよいか否かは一概にはいえない．層を増やしすぎると性能が低下することが往々にして起こる．詳細な議論は専門書に譲るが，層が増えると釘の調整が難しくなることが直観的に理解できるであろう．

　良いタイミングであるので，パチンコ台とニューラルネットの相違および関連する用語をここで確認しておこう．上のパチンコ台の例では，一度に 1 つの玉を入れることを想定していたが，実際のニューラルネットでは玉の移動は数値計算で仮想的に行うので，一度に複数の箇所から複数の玉を入れることができる（言い換えれば，ベクトルの数値が 0 と 1 以外の値をとってもよい）．また，ニューラルネットには，1.5 のように小数の値も入力できる．同様に，パチンコ玉 0.3 個は左へ，残りの 0.7 個は右へというように物理的なパチンコ玉では不可能な動きをさせることもできる[9]．最終的な出力も，1 番目の出口からは 0.2，2 番目からは 0.5 などのように小数の値にもなり得る．そのため，出力を確率として解釈できるニューラルネットを作ることも可能である．その場合，CEFR A1 である確率が 0.2，A2 である確率が 0.5 のような解釈となる．なお，出力を 1 つとして，得点を直接予測することも可能である（その場合，サイズ 1 のベクトルを出力すると解釈できる）．

　以上が，深層学習の概念的な説明であるが，最後に，なぜ深層学習が優れているかの理由の1つを説明して本項を締めくくろう．深層学習を用いると，複数のモデルから最適なモデルを自動的に決定できるという利点がある．モデルとは，5.1.1節で述べたように，得点を予測するために用いる数式のことである．詳細は専門書に譲るが，十分な数の層を持ったニューラルネットは，任意のモデルを表すことができる．どのようなモデルになるかは訓練データから予測性能が高くなるように自動的に決定される．そのため，どのようなモデルを用いるべきかの事前知識がない場合でも，陽にモデルの形(すなわち数式の種類)を考える必要がない．もしこの特性がなければ，(1)考え得るモデルを1つ1つ実装，(2)その性能を評価，(3)最高性能を達成するモデルを選択，という手順を踏まなければならない．これには，膨大な時間とコストがかかる(理論的には，モデルの数は無限に存在する！)．深層学習を用いると，幸いなことに自動的にモデル選択が行われる[10]．また，効率的な訓練方法(計算方法)が知られており，現実的な時間で性能のよいモデルが得られることが多い(それでも，数日から数週間，場合によっては数か月，計算に時間を要することがあるが)．以上を大雑把にまとめると，深層学習とは，効率的なモデル選択を行うための計算方法の枠組みであると捉えることもできる．

5.2.2　深層学習に基づいたエッセイの自動採点

　さて，ここまで深層学習をわかりやすく説明するため，便宜的に，エッセイの長さの情報のみから，エッセイの得点を予測するという想定で議論を進めてきた．しかしながら，人間が行う採点では，エッセイの長さだけでなく，どのような単語がどのような順番で使われているかを考慮しているであろう．したがって，使用されている単語，表現，構文などを考慮して採点することが望ましい．

　そこで，ここからは，エッセイ中の単語を入力として，得点を予測するニューラルネットを考える．出力は，今まで通り，エッセイの得点であり変わりがない．一方，入力は単語，より正確には単語列になる．このことは以前の想定と大きな相違となる．より一般的に述べると，この相違点が，自然

言語のデータと深層学習で扱われるその他のデータ（画像や音声など）を扱う上での大きな違いとなる．その相違点は2種類に大別される．

1つ目の相違点は，入力データは単語列であり，数値でないという点である．例えば，"apple"や"orange"などの単語は明らかに数値でない．一方，画像や音声の場合，扱うデータは，通常，物理量である（すなわち数値である）．例えば，画像であれば，画像の明るさや色の濃淡などである．音声であれば，音の高さや音の大きさなどでこれも数値である．更に，画像や音声データは，与えられたデータの数値（物理量）が似ていれば，その画像なり音声は似たものであることが期待できる．以上の相違点は，思いのほか大きなものである．

2つ目は，自然言語の場合，扱うデータの長さが一定ではないという特徴を持つことが多い．例えば，エッセイの自動採点の場合，長いエッセイもあれば，短いエッセイもあり，その長さは様々である．一方，画像の場合，通常，32×64など縦横のピクセル数を一定にした画像を扱うことが多い．仮に，ピクセル数が異なる場合でも，画像の拡大や縮小は比較的容易に行える[11]．一方，文書の拡大や縮小は，まったくもって自明でない．

データの長さが一定でないという特徴は，ニューラルネットにおいて問題になる．なぜなら，ニューラルネットでは，通常，層や釘の数は訓練前に決定し，それ以降は変えられないからである（訓練で変えられるのは釘の位置である）．そのため，長さが異なる入力（単語数が異なるエッセイ）は，基本的なニューラルネットでは受け付けることができない．

1つ目の問題，すなわち，単語は数値でないという問題は，ひとまず，単語をベクトルで表すことで解決する．これは非常に単純な次の方法を用いる（基本的には，エッセイの得点をベクトルに変換した方法と同じである）．まず，語彙リスト中の単語1つ1つに固有の番号を振る．全ての単語に固有の番号を割り当てれば，辞書順でも，ランダムな順番でもよい．次に，単語に振られた番号に対応する箇所を1，それ以外を0とするベクトルに変換する．例えば，語彙リストに，"apple"，"job"，"work"の3種類の単語が含まれるとき，順に，1，2，3と番号を振った場合，$(1, 0, 0)$，$(0, 1, 0)$，$(0, 0, 1)$と変換される．こうして出来上がったベクトルを，本章では単語ベク

トルと呼ぶことにする．また，ベクトル中の数値の個数のことをサイズと呼ぶ．単語を単語ベクトルとした場合，単語のタイプ数（すなわち，単語の異なり数）とベクトルのサイズが等しくなる．上の例では，単語のタイプ数は3であるので，単語ベクトルのサイズも3となる．容易に想像できることではあるが，実際のエッセイ集合を扱う場合は，単語のタイプ数は数千〜数万以上になる．したがって，ベクトルのサイズは数千〜数万以上と非常に大きなものとなる．

　エッセイの自動採点に限らず，自然言語処理では，単語ベクトルという形で，ニューラルネットに単語の情報を入力することが多い．ただし，この時点では，各単語を区別することはできても，"apple" と "orange" は類似しているなどを考慮することは依然できない．

　単語の類似性を考慮するために，ニューラルネットの構造を少し工夫する．具体的には，ニューラルネットの第2層目で，入力となる単語ベクトルをずっと小さいサイズのベクトルに変換する．この変換は，パチンコ台の例では，入力層よりも次の層の釘の数を少なくすることに相当する．そうすると，当初より少ない個数の数値（すなわち少ない情報）で，最終的に得点を予想しなければならなくなる．そのため，得点に同じような影響を与える単語は，同じような数値を持つようなベクトル（言い換えれば，類似したベクトル）に変換する必要が生じる．もしそうでなければ，より少ない情報でエッセイの得点を正しく予想できなくなるはずである．

　少々わかりにくいので，先ほどの3種類の単語を用いて，具体例で説明しよう．いま，エッセイのトピックが「大学生のアルバイトについて」であるとしよう．話を単純にするために，出力（エッセイの得点）は，1つの数値で表すことにしよう．すなわち，サイズ1のベクトルで表す．また，ニューラルネットは，入力層，入力のサイズを小さく変換する中間の層，エッセイの得点を推定する層の3層からなるとしよう．更に，アルバイトや仕事に関連する "job" や "work" を含むエッセイには高い得点が与えられるとしよう．逆に，あまり関係のない "apple" を含むエッセイには低い点が与えられるとしよう．このとき，単語の種類数は3であるので，入力の単語ベクトルのサイズは3である．仮に，次の層でサイズ1のベクトル（すなわち，値

が1つに) 変換されるとすると, "job" と "work" には, (5.0) や (3.7) [12] の
ような大きな数値を持つベクトルに, "apple" には (0.2) のような小さな値
を割り当てる必要がある[13]. そうでなければ, 次の層で, "job" や "work"
を含むエッセイに高い得点を, "apple" を含むエッセイに低い得点を割り当
てることができなくなる. 例えば, 仮に, "job", "work", "apple" に, そ
れぞれ, (3), (0.2), (5) という値を割り当てるとすると, "work" が含ま
れるエッセイより, "apple" が含まれるエッセイに高い得点が与えられるこ
とになり, 想定に矛盾が生じることになる.

　以上のように, 単語ベクトルをよりサイズの小さいベクトルに変換するこ
とで, 類似した単語には類似した数値の組が割り当てられるようになる.
例えば, 上の例において, 各単語に割り当てられた数値をみると, "job" と
"work" の間の差は 5.0-3.7=1.3 で, "job" と "apple" の間の差 (5.0-0.2=4.8)
より小さい. この差の違いから, 前者の組み合わせは, 後者より似ていると
判断できる. 以上のことは, 主成分分析における次元圧縮 (または情報圧縮)
に例えられる. ここで, 次元圧縮とはベクトルをよりサイズの小さいベクト
ルに変換することを意味する. ニューラルネットを利用した次元圧縮では,
出力を考慮して次元圧縮を行う. 上のニューラルネットの例では, 出力は
エッセイの得点であるので, 得点の推定精度が高くなるように次元圧縮がな
される. これが, 例えば, 文書のカテゴリ (例:スポーツ, グルメ, 政治など)
を予測するニューラルネットの場合[14], 次元圧縮の結果は, 文書のカテゴリ
を考慮した数値の割り当てとなる (例えば, "football", "basketball" などに
同じような数値の組が割り当てられる). 以上のように, 単語ベクトルを次
元圧縮したもの (すなわち小さいサイズのベクトル) を**単語の分散表現** (Word
embeddings) と呼ぶことがある[15].

　自然言語処理の性能が大きく向上したのは, この単語の分散表現の活用に
よるところが大きい. 言い換えれば, 以前は, 単語を記号として扱っていた
のに対し, 数値として扱うようになったことが性能向上に寄与しているとい
える. 完全に余談であるが, 単語を数値として扱えるということは, 言語
データを, 他の数値データ (例:画像や音声) と組み合わせることが容易にな
ることを示唆する. 例えば, 画像を入力すると, そこに写っているものを説

明する文を出力するニューラルネット (Xu et al. 2015) が実現されている．
筆者らは，この手法を写真描写問題 (与えられた写真を説明する文を記述する問題) の自動採点に応用することに取り組んでいる (古屋・永田・Tomko 2019)．

　さて，話を元に戻して，2つ目の問題 (入力の長さが一定でないという問題) を解決しよう．この問題は，同一のニューラルネットを繰り返し使うことで解決する．再び，パチンコ台の例で説明しよう (概要を図3に示す)．まず，最初の単語を単語ベクトルに変換し，対応する箇所からパチンコ台に投入する．そうすると，最終的に，ある箇所からパチンコ玉が出てくる．次の単語も同様に，単語ベクトルに変換して，パチンコ台へ投入するが，その際に，先ほどパチンコ台から出てきた玉も一緒に入力する．このように，各単語を出現順に次々とパチンコ台へ投入するが，その際には以前の結果も同時に投入する．この手順を入力エッセイ中の単語数分だけ繰り返す．全ての単語 (に相当するパチンコ玉) を投入し終わったら，その結果を，得点を推定するため専用の別のパチンコ台に投入し，エッセイの得点を得る．こうすることで，任意の単語数を受け付けることができ，入力の長さが一定でないという問題を解決できる．釘の調整は，以前と同様に，最終的な出力と所望の得点との差異に基づいて，下から上へと行う[16]．

　この例のように同じ構造のニューラルネットを繰り返し使用するものを Recurrent Neural Network (RNN) と呼ぶ．上でみたように，RNN には，エッセイ中の全ての単語が入力される．その際，エッセイの先頭から各単語が順に入力されるため，語順の情報も考慮されることになる．したがって，人間の採点者のように，どのような単語がどのような順番で使用しているかを考慮した採点となる[17]．また，詳細な説明は省くが，基本となるニューラルネットの層を増やすことで，句や構文など単語より大きな構造を疑似的に考慮できることが知られている．直観的には，層が深くなるにつれて，単語，句，構文など，より大きな構造をニューラルネットが認識していると解釈できる．このこともニューラルネットを用いることの利点の1つである．RNN には，Long Short-Term Memory (LSTM) や Gated Recurrent Unit (GRU) などの拡張があり，深層学習を利用した自然言語処理において，重

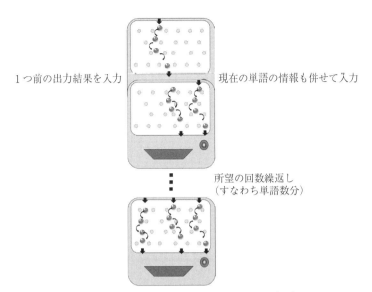

図3　可変長の入力の問題を解決する方法：同じパチンコ台（ニューラルネット）
　　　を繰り返し使うことで，任意の長さの入力を受け付けることが可能となる．
　　　このようなニューラルネットを Recurrent Neural Network (RNN) と呼ぶ．

要な要素技術となっている．

5.3　深層学習に基づいたエッセイの自動採点の実例

　最後に，深層学習を用いたエッセイの自動採点の実例をその利点と共に
紹介しよう．深層学習をエッセイの自動採点に適用した初期の研究に文献
(Alikaniotis, Yannakoudakis, and Rei 2016) がある．同文献は，入力を単語
列，出力をエッセイのスコアとするニューラルネットを提案している．この
手法は，単語の分散表現も利用している．詳細な説明は省くが，単語の分散
表現を得る際に，エッセイの得点を考慮するという工夫により，例えば，
"copmutar" は "computer" より "labtop" に（意味的に似ており，かつ，
綴り誤りがあるという点で）より似ているという点などを反映した得点の推
定が可能となる（最初と最後の単語には綴り誤りがあることに注意）．エッセ
イの得点を考慮することで，単語の意味的な類似度だけでなく，綴り誤りの

有無などエッセイの得点に影響を与える観点が反映された単語の分散表現となる。エッセイの得点が高いエッセイでは相対的に綴り誤りは少なく，逆に低い場合，綴り誤りは多くなるためである。以上のような技術に基づき，同文献では，英語母語話者（middle school の学生）のエッセイを対象として，人間の採点結果とのスピアマンの順位相関係数 0.91 という驚異的な性能を達成している。

　同文献は，エッセイの得点の推定性能を改善しただけでなく，エッセイ中のどの部分が採点において重要であったかを可視化する手法も提案している。同文献によると，正しい句読点の用法や長い依存構造に対して，高いスコアを与えるようである。ただし，同文献に示された可視化の例は，直感にそれほど合うものではなく，今後，改善が期待される。いずれにせよ，重要箇所の可視化は，今後，採点作業に大きく貢献する技術となるであろう。その際には，深層学習の注意機構（attention mechanism）と呼ばれる技術が重要な役割を果たすと予想される。注意機構とは，入力データ中のどの部分に注目して判定を行うかということを制御する仕組みのことである。注意機構は，採点における重要な箇所の可視化にも利用できる[18]。

　また，文献（Alikaniotis, Yannakoudakis, and Rei 2016）の手法に見られるように，深層学習に基づいたエッセイの自動採点では，エッセイに関する情報の取捨選択の必要がないという利点もある。より正確には，エッセイに関するどのような情報を用いて得点を推定するかということを考える必要がない。単に，エッセイ中の単語を 1 つずつ順にニューラルネットに入力するだけである。このことは技術的には大きな利点となる。一方，深層学習以前の自動採点では，たとえ機械学習に基づくものでも，高い性能を達成するためには，利用する情報を入念に検討する必要があった。これには，多大な時間とコストを要することは想像に難くないであろう。また，人間の採点は，採点者の内省に基づく部分も少なくないであろう。そのため，明示的に選択することが難しい情報も存在するかもしれない。深層学習では，訓練データに基づき，利用する情報を自動的に決定する。

　ただし，深層学習に基づく自動採点でも，より複雑な入力を受け付ける手法は存在する。例えば，Farag, Yannakoudakis, and Briscoe（2018）の手法

は，文同士の関係も考慮する．単純に単語を1つずつニューラルネットに入力するのではなく，文という単位を考慮して単語を入力する．その結果を複数文ごとにまとめて，別のニューラルネットに入力する．最後に，エッセイの得点の推定を行う．こうすることで，文間のつながりを考慮した採点となると報告されている．ここで，重要なこととして，この手法は文という単位を考慮はしているが，その基礎となっているのは単語であるという点である．今後，深層学習に基づいた自動採点は，入力の基礎となるのは，人手で選択したエッセイの情報ではなく，単語となるであろう[19]．

　以上の研究は，エッセイの総合的な得点(holistic score)を対象にしたものであるが，観点ごとの得点(analytic score)を自動判定する研究もある．Ke, Inamdar, Lin, and Ng (2019) は，観点ごとの得点を付与するためのルーブリックを策定している．また，そのルーブリックに基づき ICLE コーパスの約1,000 のエッセイに観点ごとの得点を付与した結果を公開している[20]．更に，彼らは，観点ごとの得点を自動判定するための基礎的な調査も行ってる．なお，観点ごとの得点が付与されたコーパスの情報についても同文献が詳しい．

　エッセイの自動採点ではないが，短答式記述問題を自動採点する研究も存在する．ここで短答式記述問題とは，与えられた文章を読み，内容に関する質問に一文から数文のように短い記述で回答する問題のことを指す．短答式記述問題は，自由記述ではあるが，エッセイとは異なり，書くべき内容がかなり限定的である．すなわち，与えられた文章と質問に合致した内容を書かなくてはならない．

　筆者を含む研究グループは，国語の短答式記述問題において，観点ごとに自動採点を行う手法(Mizumoto et al. 2019)を提案している．同手法では，深層学習に基づき，総合得点と観点ごとの得点を同時に推定する．その結果，観点ごとの採点は人間と遜色のない性能を達成している(総合得点の人との一致率9割程度)．更に，この手法は，前述の注意機構を用いて，採点根拠(回答に含むべきキーワードなど)を可視化する．なお，この研究については，次章で詳しく解説する．また，https://aip-nlu.gitlab.io/projects/sas-j でも，短答式記述問題の自動採点に関する情報を取得可能である．

　自動採点に関連して，より詳細なフィードバックを学習者に提示する研究
も始まっている．前述の Ke, Inamdar, Lin, and Ng (2019) の研究も，得点だ
けでなく，より詳細な情報を学習者に提供することを目標として，観点ごと
の得点の推定に取り組んでいる．また，筆者は，「JST さきがけ 新しい社会
システムデザインに向けた情報基盤技術の創出」というプロジェクトで，
エッセイ中の文法誤り，構成，メカニクスなどを対象にして，解説文を自動
生成する手法の開発に取り組んでいる．研究の初期段階として，英語学習者
のエッセイに解説文を付与したデータ（永田・石川・乾 2019）を構築，公開
している．更に，構築したデータを用いて，前置詞の誤りを柔軟に解説す
る手法（Nagata 2019）を提案している．この手法も，深層学習に基づいてお
り，誤り箇所の特定と解説文の生成を同時に行う（図4に生成例を示す）．現
在は，より広範囲な事項について解説文を自動生成することに取り組んでい
る．以上の例のように，今後は，エッセイの得点だけでなく，関連した情報
も同時に提供する方向に研究が進んでいくと予想される．

お題: Smoking should be completely banned at all the restaurants in the country.

学習者の解答:
(S1) I agree it.
(S2) It's important to ban to smoke at the restaurants.
(S3) Smokers will disturb others who didn't smoke.
(S4) They smoke at all place include in the restaurant
(S5) From those all reasons, I think we should ban...

＜動詞＞≪agree≫は＜自動詞＞ですので＜目的語＞の前に＜前置詞＞が必要です。辞書で＜動詞＞≪agree≫を引いて適切な＜前置詞＞を調べましょう。

＜動詞＞≪ban≫が禁止する行為は＜to不定詞＞ではなく＜動名詞＞または＜人＋from＋動名詞＞で表します。

何かが行われている場所を示す場合に≪place≫とともに使用する＜前置詞＞は≪at≫でもよいですが、inのほうがより一般的でしょう。

＜動詞＞≪include≫はそのままの形では＜前置詞＞として機能しません。＜動名詞＞になってはじめて＜動詞派生前置詞＞となります。

＜前置詞＞≪from≫でも意味は通じますが、＜名詞＞≪reason≫とともに使用して「〜の理由で」ということを示すのに最適な＜前置詞＞がありますので調べてみましょう。

図4　深層学習を利用した手法で自動生成した前置詞誤りに関する解説文の例

5.4　本章のまとめ

　本章では，深層学習に基づいたエッセイの自動採点について概説を行っ
た．まず，機械学習による自動採点の基礎を導入した．次に，パチンコ台の
例に基づき，深層学習を模式的に説明した．以上の準備に基づき，深層学習
の枠組みに基づいた自動採点を解説した．特に，自然言語のデータ（エッセ
イ）とその得点の特徴を意識して説明を行った．最後に，実際の文献を紹介
し，現時点で実現されている技術と近い将来実現されるであろう技術を紹介

した．

注

1　本章では，エッセイという用語は，主に，EFL の学習者が書いた文章のことを指す．ただし，それ以外の文章でも本章で紹介する技術は適用可能である．

2　深層学習は機械学習の一種である．

3　実際には，色々な種類の機械学習があり，数値の変換を行わないものも存在する．ただし，本章を理解する上では，機械学習＝数値の変換という認識で問題は生じない．

4　厳密性を欠いた表現であるが，本章を理解する上では差支えがないので，このような定義を用いる．

5　正確には，当時は，深層学習という言葉はなく，ニューラルネットという言葉が使われていた．ただし，後に述べるように，深層学習とニューラルネットに本質的な違いはない．

6　あまり正確な表現ではないが，実際にはベクトルをまとめた行列というもので表現する．

7　ニューラルネットワークと呼ばれることもある．

8　そもそも，層の数え方も一意に決まっていない．

9　パチンコ台ではなく，上から液体を入れて，どれぐらいの量がどこから出てくるかというふうに例えるとわかりやすいかも知れない．

10　深層学習以外でも自動的にモデル選択を行う手法は存在する．

11　音声データの場合，発話の長さは可変であるため，データの長さが一定でないという特徴は持つ．ただし，音声の伸縮は比較的容易に行える．

12　ここで，(5.0) や (3.7) というのはサイズが 1 のベクトルを表していることに注意のこと．

13　実際の数値は，与えられた訓練データにより自動的に決定される．

14　より正確には，ニューラルネットの構造自体は同じで，訓練データが文書とそのカテゴリとなる．

15　単語の分散表現の獲得方法は，別の方法で説明されることが多い．しかしながら，単語ベクトルをより小さなサイズのベクトルで表すという点は同じである．

16　ここでの説明ではわかりにくいが，あくまでも同一のパチンコ台を繰り返し使用

することに注意されたい.

17　その際，1つ目の問題の解決策である，単語の分散表現を利用することが一般的である．すなわち，RNN の基本となるニューラルネットの2層目のサイズを小さくし，次元圧縮を行う.

18　ただし，文献（Alikaniotis, Yannakoudakis, and Rei 2016）では注意機構は用いていない.

19　実際には，単語ではなく，文字のように単語より細かい単位で入力を受け付けるニューラルネットも存在する．更には，複数の単語を自動的に組み合わせることも理論的には可能である．いずれにせよ，入力となるのはエッセイそのものというのが主流となると予想される.

20　http://www.hlt.utdallas.edu/~zixuan/EssayScoring/ より入手可能である.

参考文献

高村大也（2010）『言語処理のための機械学習入門』コロナ社

永田亮・石川慎一郎・乾健太郎（2019）「解説文生成研究のためのライティング技術　解説付き学習者コーパス」『言語処理学会第 25 回年次大会発表論文集』pp.308–311.

古屋昭拓・永田亮・JAMES TOMKO（2020）「写真を用いた英文記述問題の低コストな自動採点方法の検討」『言語処理学会第 26 回年次大会発表論文集』pp.693–696.

Alikaniotis, Dimitrios., Yannakoudakis, Helen., and Rei, Marek. (2016) Automatic Text Scoring Using Neural Networks. *Proceedings of the 54th Annual Meeting of the Association for Computational Linguistics* pp.715–725.

Farag, Youmna., Yannakoudakis, Helen., and Briscoe, Ted. (2018) Neural Automated Essay Scoring and Coherence Modeling for Adversarially Crafted Input. *Proceedings of the 2018 Conference of the North American Chapter of the Association for Computational Linguistics: Human Language Technologies, Volume 1 (Long Papers)* pp.263–271.

Ke, Zixuan., Inamdar, Hrishikesh., Lin, Hui., and Ng, Vincent. (2019) Give Me More Feedback II: Annotating Thesis Strength and Related Attributes in Student Essays. *Proceedings of the 57th Annual Meeting of the Association for Computational Linguistics* pp.3994–4004.

Mizumoto, Tomoya., Ouchi, Hiroki., Isobe, Yoriko., Reisert, Paul., Nagata, Ryo., Sekine, Satoshi., and Inui, Kentaro. (2019) Analytic Score Prediction and Justification

Identification in Automated Short Answer Scoring. *Proceedings of the 14th Workshop on Building Educational Applications Using NLP* pp.316–325.

Nagata, Ryo. (2019) Toward a task of feedback comment generation for writing learning. *Proceedings of the 2019 Conference on Empirical Methods in Natural Language Processing* pp.3206–3215.

Xu, Kelvin., Ba, Jimmy., Kiros, Ryan., Cho, Kyunghyun., Courville, Aaron C., Salakhutdinov, Ruslan., Zemel, Richard S., and Bengio, Yoshua. (2015) Show, Attend and Tell: Neural Image Caption Generation with Visual Attention. *Proceedings of the 32nd International Conference on Machine Learning* pp.2048–2057.

6. 教室における指導と自動採点

石井雄隆・近藤悠介

6.1 はじめに

　テクノロジーを活用した第二言語ライティング研究は，Zhi, Ahmet and Volker (2019) によると，web 2.0 application，コーパスに基づいたツール，自動ライティング評価の3つが存在する．

　1点目として，Web 2.0 application を用いたライティング研究には，Wikis (Aydin and Yildiz 2014)，Google Docs (Strobl 2013)，Facebook (Shih 2011) などを用いて学習者間の協働作業を促す教育実践が報告されている．

　2点目として，コーパスに基づいたツールには，AWSuM (Academic Word Suggest Machine) (Mizumoto 2017) や Data-driven Learning (Friginal 2013) などが存在する．AWSuM は，応用言語学とコンピュータ科学の論文コーパスに基づき，文書のパターンごとに頻度の高い語連鎖をサジェストすることでライティングの執筆を支援するオンラインツールである[1]．また Data-driven Learning は，学習者がコーパスの用例を観察し，帰納的に英語を学ぶアプローチであり，教室における指導実践やツール開発などが近年盛んに行われている (Chujo, Oghigian, and Akasegawa 2015; 物井・西垣・折原・石井 2019)．

　3点目として，自動ライティング評価が挙げられる．自動ライティング評価には自動採点研究や自動フィードバックなどが構成要素として入っているが，自動採点研究については本書の中でもさまざまな観点から取り上げられているので，本章では自動フィードバックについて焦点をあてる．とりわ

け，教室におけるライティング指導について紹介する.

　はじめに，自動フィードバック・誤り訂正研究の動向を概観し，その後，教室内における自動採点システムの使用について紹介し，自動採点システムを活用したライティング指導の現状と課題について検討する.

6.2　自動フィードバック・誤り訂正研究の動向[2]

6.2.1　ライティングにおけるフィードバック研究の概観

　本節では，自動フィードバックの必要性について論じる. 自動フィードバックの研究動向を概観する前に，外国語教育研究や応用言語学の領域でどのようなフィードバック研究が行われてきたかを紹介する. Biber, Nekrasova, and Horn (2011) では，これまでに刊行されたフィードバック研究のメタ分析を行っている. そして，2000 年から 2004 年の約 5 年の間に100 件のフィードバック研究が行われていたと報告している.

　フィードバック研究が盛んに行われた背景には，John Truscott と Dana Ferris の間で行われた論争が存在する. Truscott (1996, p. 327) は，「第二言語のライティングのクラスにおいて，文法の誤り訂正をやめるべきだ」と主張した. その理由として，多くの研究が，フィードバックを非効率的で役立たないと示しているということと，理論的，実践的な理由において，フィードバックが非効率的であることが想定できるということ，また教育上悪影響をもたらすことがあるということの 3 点を挙げている.

　それに対して，Ferris (1999) は，Truscott (1996) の議論の同意点と相違点を議論しながら，Truscott が依拠している研究を調査した上で，Truscott の結論は「時期尚早で，あまりにも強すぎる」と反論をした. この論争は，さまざまなライティング・フィードバック研究が行われる契機となった.

　フィードバック研究ではさまざまな種類のフィードバックが扱われ，フィードバック方法の違いによる教育効果が検討されてきた. Ellis (2009) は，Written Corrective Feedback (WCF) の種類における教師のフィードバックを 6 種類に分類している.

1)　Direct CF（corrective feedback）
2)　Indirect CF
3)　Metalinguistic CF
4)　The focus of the feedback
5)　Electronic feedback
6)　Reformulation

　Direct CF は，教師が学習者に正しい形を指摘するフィードバックを指す．Indirect CF は，エラーの箇所を示すものの，正しい形を示さないフィードバックである．Metalinguistic CF は，誤りの箇所にメタ言語的な説明をするタイプのフィードバックであり，エラーコード（例えば，冠詞の誤りに art，前置詞の誤りに pre と記すなど）が代表的なものである．The focus of the feedback には，Unfocused CF と Focused CF の 2 種類が存在する．前者は学習者の誤りを全て修正することを指し，後者は修正する誤りのタイプを焦点化するタイプのフィードバックを指す．Electronic feedback は，教師が誤りを示し，正しい語法の例を示しているコンコーダンスラインへのハイパーリンクを示すフィードバックを指す．Reformulation は，学習者が産出したプロダクトに対して，元の内容を維持しながら，できるだけ学習言語の母語話者に近づけるように内容を再構成することを指す．

　近年のフィードバック研究は，多様な展開を見せている．具体的には，実験デザインではなく，生態学的なデザインのフィードバック研究が行われてきている（e.g., Han 2019）．具体的な事例として，Amano（2018）は，教員が原稿に書き込むフィードバックの種類を選択する権利を学生に与えた試みについて報告している．この研究によると，学習者が教師から受けたいフィードバックは多様であり，最初のドラフトとそれを修正したドラフトではそれぞれ異なるフィードバックを組み合わせるのが効果的であると学習者は感じている．具体的には，最初のドラフトでは，Direct CF をもらい，それを修正したドラフトでは，Question feedback，すなわち内容についてコメントをもらうフィードバックを好むと報告されている．学習者の選好を調査するフィードバック研究はこれまでも行われてきたが，学習者の好みに応じて

フィードバックを行う研究はユニークな視点であり，自動フィードバックシステムの実装にとっても示唆的である．また，Han and Hyland（2018）は，感情とフィードバックの関わりについても検討している．この研究によると，WCFがもたらすのは必ずしも否定的な感情ばかりでなく肯定的な感情もあることや，WCFに対する感情的な反応は動的であって変化し得ることが報告されている．これらの点も，自動フィードバックについて検討する際には重要である．

　これまで多くの実験的なアプローチにより，さまざまなライティング・フィードバック研究の知見が蓄積されてきたが，近年では生態学的なデザインを採用したアプローチの研究も蓄積され始めており，それらの知見を基に自動フィードバックについて検討する必要がある．

6.2.2　外国語教育・応用言語学の観点から見る自動フィードバック

　本項では，外国語教育・応用言語学の領域で行われてきた自動フィードバックについて論じる．最初に自動フィードバックの研究が出版されたのは1980年代であり，Grammar Writer's Workbenchなどがその先駆けとして知られている．このシステムでは，規則に基づいて文法的誤りを検出するアルゴリズムが用いられていた（Leacock, Chodorow, and Tetreault 2015）．1990年代半ばになると，規則に基づくアプローチから統計に基づくアプローチへと少しずつ移行していった．この歴史的経緯については，自然言語処理の技術が発達していく過程と密接な関係があり，辻井（2012）などに詳しい．

表1　自動採点システムと教師によるフィードバックの長所と短所（Dikli 2010に基づく）

	自動採点システム	教師
長所	・即座に採点とフィードバックができる ・一貫した採点と体系的なフィードバックができる ・人間による手間がかからない ・多くのライティングを採点し，フィードバックを与えることが可能	・具体的なフィードバックができる ・必要な情報が欠けていることがある． ・人と人の関わり合いが存在する ・個人に合わせたフィードバックができる

短所	・人と人の関わり合いが存在しない ・一般的で冗長なフィードバックになりがちである ・過度なフィードバックを与えることがある ・誤ったフィードバックを与える可能性がある ・技術的な問題が生じ得る	・人間による手間がかかる ・採点とフィードバックが主観的になりがちである ・多くのライティングに対応する時間が必要となる ・一貫したフィードバックをしそこなう可能性がある

　Dikli (2010) は，自動採点システムによるフィードバックと教師によるフィードバックの長所と短所を表1のようにまとめている．表1にあるように，自動採点システムは，教師よりも短い時間で一貫したフィードバックができると言われている．しかしながら，自動採点システムが誤ったフィードバックを与える可能性があることも指摘されている．自動採点システムによるフィードバックの精度については，次項で言及する．また，WCF と AWCF (Automated Written Corrective Feedback) には，下記3つの問題点が存在すると指摘されている (Ranalli 2018)．1つ目は，学習者にとって有益な情報量の違いが教育的な配慮というよりもテクノロジーの限界によって決定されるかもしれないという点である．2つ目は，自動採点システムによる誤り検出の不正確さが学習者によるフィードバックの活用に悪い影響を与えるかもしれないという点である．3つ目は，個人差をほとんど（あるいはまったく）考慮しない自動フィードバックの汎用的な性質に限界がある点である．

6.2.3　自然言語処理の観点から見る自動フィードバック

　前項では，外国語教育研究の観点から AWCF について論じた．続く本項では，自然言語処理の観点から AWCF について論じる．自然言語処理の分野において，AWCF に最も近い研究領域は，文法誤り検出・訂正である．文法誤り検出・訂正には，以下のような3種類のタスクが存在する．1つ目は，文法誤り検出であり，誤りを検出することを目的とするタスクである．2つ目は，文法誤り訂正であり，誤りを検出せずにそのまま正しい形に修正するタスクである．3つ目は，文法誤り検出・訂正であり，誤りを検出した

うえで正しく訂正した形を示すタスクである．この中で自動フィードバック
と最も関係が深いのは３つ目のタスクであるが，２つ目のタスクを indirect
CF ととらえることも可能である．

　これら３つのタスクでは，大きく分けて２つのアプローチが採用されて
いる．１つ目は，規則に基づくアプローチである．例えば，主語と動詞の一
致に関する訂正などは，多くの場合，人手で設定した規則に基づく検出が
可能である（永田 2014）．２つ目は，検出規則をコーパスから自動抽出する
アプローチであり，n-gram などの言語モデルや機械学習が活用される．例
えば，言語モデルや機械学習に基づくアプローチは，前置詞誤りなどの訂
正に向いており，大量のデータに基づいて正用と誤用を判定する際に有益
である（Sakaguchi, Hayashibe, Kondo, Kanashiro, Mizumoto, Komachi, and
Matsumoto 2012）．

　文法誤り訂正に対しては，さまざまな shared task が行われている．
shared task とは，共通のデータセットに対して，それぞれが開発したシ
ステムによる誤り検出を行い，その精度を競うコンペティションである．
その主要なものとして，海外では Helping Our Own 1，Helping Our Own
2，2013 conference on Computational Natural Language Learning（CoNLL
2013），2014 conference on Computational Natural Language Learning
（CoNLL 2014）などが行われ，日本でも Error Detection and Correction
Workshop 2012 などが開催された．

　前述の主語と動詞の一致に関する訂正，前置詞誤り検出・訂正のほかに
は，冠詞誤り訂正（Rozovskaya, Chang, Sammons, and Roth 2013），時制誤
り検出・訂正（Tajiri, Komachi, and Matsumoto 2012）などの研究が行われて
いる．

　文法誤り検出・訂正の結果を評価するにあたっては，全体の誤りをどの程
度検出できたかを表す再現率（recall）と，検出した誤りの中で実際にそれが
誤りであった割合を示す適合率（precision）を計算し，再現率と適合率の調
和平均である F 値を用いることが多い．しかしながら，これらの評価指標
はコーパスサイズによって結果が異なるため，容易に一般化することができ
ない．また，文法誤り検出・訂正については，人間がコーパスに文法誤りに

関する情報を付与したデータを正解データとして用いるが，これらの人手に
よる文法誤り情報の付与も正解が一義的に定まらないことも多い．

　自動採点では，誤りの情報を使わずに，次節で紹介するような言語情報
を使うだけでも一定の精度が得られることが知られている (e.g., Kobayashi
and Abe 2016)．しかしながら，教育現場，あるいは学習者自身からのニー
ズとして，ライティングにおける誤りの訂正が求められていることも事実で
あり，今後の技術的な発展が求められている．

6.3　教室内における自動採点システムの使用

　多くの自動採点研究の論文では，当該の自動採点システムの採点の仕組み
を提示し，自動採点システムが利用したテストの信頼性，妥当性を報告し
ている．そして，自動採点システムが算出する評価と人間の評定者による
評価との一致度が最も注目される結果のひとつであり，実用化されている
自動採点システムでは，この一致度がかなり高いという報告がなされてい
る (Burstein, Kukich, Wolff, Lu, Chodorow, Braden-Harder, and Harris 1998;
Yoon, Evanini, and Zechner 2011; Zechner, Higgins, Xi, and Williamson
2009)．一方で，教室内で自動採点システムを利用する場合，教師の評価の
観点は必ずしも利用している自動採点システムの評価の観点と一致してい
るわけではない．Li, Link, and Hgelheimer (2015) は ETS が開発したオンラ
インライティングツールである Criterion の教室内での利用について報告し
ている．これによると，Criterion の評価と教師による評価の一致度は高い
ものではなかった．この研究において，教師は Criterion の採点基準を用い
ておらず，独自の採点基準を用いて学習者の作文を評価し，Criterion によ
る評価と比較するために変換された評価を用いた．2 種類の作文に関してス
ピアマンの相関係数が報告されている．それぞれ .42, .12 と自動採点研究
で報告されている一致度の指標と比べるとかなり低いものであった．Wang
and Brown (2007) においては，英語母語話者が書いた 2 種類の作文に関し
て IntelliMetric による評価と人間の評定者による評価の相関係数が報告され
ている．それぞれ .11 と .04 であり，こちらも同様にかなり低いものであっ

た．Li, Link, and Hgelheimer (2015) は英語学習者の作文を対象とし，Wang and Brown (2007) は英語母語話者の作文を対象としており，環境も異なるが，共に自動採点システムの評価と人間の評定者による評価の一致度は低いことを示している．これらの結果は，人間の評価と自動採点システムの評価における類似点や相違点などを考える上で，大変重要である．

　自動採点システムが算出するフィードバックに関する問題を先述の Li, Link, Ma, Yang, and Hedleheimer (2014) および Li, Link, and Hgelheimer (2015) は報告している．それらの先行研究は，教師と自動採点システムが一致していないので，教師も学習者も自動採点システムによる評価，フィードバックをあまり信頼していないと報告している．また，学習者が自動採点による評価に対して疑問を持った場合，教師がその理由を説明できないこともある．さらに，学習者が自動採点システムに作文を提出し，フィードバックに基づき加筆，修正を繰り返して超えなければならない最低点を設定すると，自動採点システムからのフィードバックのみでどのように加筆，修正すれば良いか分からず，学習者は混乱する可能性もあるということも報告されている．

　Wilson and Czik (2016) は，PEG Writing という自動採点システムを使用している英語母語話者の作文のクラスにおいて教師が持つ自動採点システムに対する印象について報告している．この研究で報告されている教師も自動採点システムが算出する評価を信頼しておらず，内容にかかわらず，難しい語彙を使い，統語的に複雑な長い文章に自動採点システムは高い評価を与えるのではないかという懸念を示している．また，言語は人と人とを繋ぐコミュニケーションツールであり，機械のために作文を書くことの不自然さを訴えている．

　ここまで，自動採点システムに関して否定的なことを述べてきたが，上述の研究において肯定的なことも報告されている．まず，自動採点システムは即時的にフィードバックを返すので，学習者が自らの作文を加筆，修正するモチベーションは高く維持される．自動採点システムによるフィードバックの中でも文法，句読法 (mechanics) に関するものには学習者も教師も信頼をおいており，自動採点システムのフィードバックを受けて修正された作文を

教師が見る時間は，最初から教師が見る時間に比べると大幅に削減される．そのため，教師は構成や内容などのフィードバックにより集中することができる．

　自動採点システムを教室内で利用する目的のひとつとして，自動採点システムが算出するフィードバックにより学習者の作文の質を向上させることが挙げられる．自動採点システムのフィードバックが学習者の作文に与える影響を調査した 36 の研究をまとめた Stevenson and Phakiti (2014) は，知見の蓄積が十分とは言えないものの，自動採点システムによるフィードバックは学習者の作文に良い効果を与えていると述べている．

　本節では，自動採点システムの教室内の使用について述べた．自動採点システムによる評価と高い一致度を示す評価を与える人間の評定者は，訓練を受けた評定者であり，訓練を受けていない人間が与える評価と自動採点システムが算出する評価の一致度は，訓練を受けた評定者に比べると低い．Powers, Escoffery, and Duchnowsiki (2015) では，人間の評定者の評価と Criterion の評価を比較し，訓練を受けた評定者の中で模範となる者，訓練を受けた評定者の中で平均的な者，訓練を受けてない者の順で Criterion との一致度が下がることを報告している．これは，対象となる作文における評価対象に対する理解の度合いと考えることもできる．どのような作文が良い作文であるかは目的によって異なる．教室内で自動採点システムを利用する教師が利用している自動採点システムの開発過程で用いられた評価基準に基づいて訓練を受ければ，一致度は上がるであろう．利用する自動採点システムについて十分な理解をせずに教室内へ導入することは，作文の良し悪しに関する考え方を共有しない採点者を教室内に招き入れていることと同義である．教室内で利用する教師が自動採点システムを十分に理解した上で自身の授業内で適切な利用方法を採用することによって，本節で述べた問題点のいくつかは解消され，より効果的に自動採点システムを利用することができると考えられる．教室内での自動採点システムの利用に関しては肯定的ではない研究知見も存在するが，その効果について現在のところ十分に検証されているとは言えず，今後もさらなる検証が必要であると考えられる．

6.4 おわりに

　本章では，自動フィードバック・誤り訂正研究の動向を概観し，教室内における自動採点システムの使用について紹介した．今後の課題としては，外国語教育の研究者と自然言語処理の研究者の協働による自動フィードバック・誤り訂正研究が多くなされる必要があると考えられる．具体的には特定の誤りを対象とした誤り訂正研究やコンペティションが行われていることは6.2.3 節で述べたとおりであるが，それらが対象としている誤りが外国語教育研究の知見とどのように関連するかということなどが検討されると，より教育実践上有益であると考えられる．先述した Amano (2018) の研究では，教員が原稿に書き込むフィードバックの種類を選択する権利を学生に与えた試みについて報告しているが，学習者がフィードバックして欲しい項目を選択することが出来るシステムなどが外国語教育の研究者と自然言語処理の研究者の協働によって開発されれば，自動フィードバック研究はさらに進歩するのではないかと考えられる．

注
1　http://langtest.jp/awsum/ より無料で公開されている．
2　本節は，『日本大学生産工学部研究報告 B』52 号に掲載された「英語ライティング指導のための自動フィードバックシステムの開発に向けて」（小林雄一郎・石井雄隆）を基に，加筆修正を行ったものである．

参考文献
田地野彰・細越響子・川西慧・日髙佑郁・髙橋幸・金丸敏幸 (2012)「アカデミックライティング授業におけるフィードバックの研究—Criterion® を導入した授業実践からの示唆—」『京都大学高等教育研究』17：pp.97–108.
辻井潤一 (2012)「合理主義と経験主義のはざまで—内的な処理の計算モデル—」人工知能学会誌，27 (3)：pp.273–283.
永田亮 (2014)「構文解析を必要としない主語動詞一致誤り検出手法」『電子情報通信

学会論文誌. D, 情報・システム』96（5）：pp.1346–1355.

物井尚子・西垣知佳子・折原俊一・石井雄隆（2019）「データ駆動型学習（DDL）を活用した小学校での文法学習のあり方」『千葉大学教育学部研究紀要』67：pp.199–206.

Amano, Shuichi. (2018) Students' choices of types of written teacher feedback in EFL writing instruction. *Journal of the Chubu English Language Education Society* pp.103–110.

Aydın, Zeliha., and Yıldız, Senem. (2014) Using wikis to promote collaborative EFL writing. *Language Learning & Technology* 18(1): pp.160–180.

Biber, Douglas., Nekrasova, Tatiana., and Horn, Brad. (2011) The effectiveness of feedback for L1-English and L2-writing development: A meta-analysis. *ETS Research Report Series 2011* pp.1–99.

Burstein, Jill., Kukich, Karen., Wolff, Susan., Lu, Chi., Chodorow, Martin., Braden-Harder, Lisa., and Harris Mary Dee. (1998) Automated scoring using a hybrid feature identification technique. *Proceedings of the Thirty-Sixth Annual Meeting of the Association for Computational Linguistics* pp.206–210.

Chen, Chi-Fen. E., and Cheng, Wei-Yuan. C. (2008) Beyond the design of automated writing evaluation: Pedagogical practices and perceived learning effectiveness in EFL writing classes. *Language Learning & Technology* 12(2): pp.94–112.

Chujo, Kiyomi., Oghigian, Kathryn. and Akasegawa, Shiro. (2015) A corpus and grammatical browsing system for remedial EFL learners, In Agnieszka. Leńko-Szymańska and Alex. Boulton (Eds.), *Multiple Affordances of Language Corpora for Data-driven Learning* (pp.109–128). Amsterdam: John Benjamins.

Dikli, Semire. (2010) The nature of automated essay scoring feedback. *CALICO Journal* 28(1): pp.99–134.

Ellis, Rod. (2009) A typology of written corrective feedback types. *ELT Journal* 63(2): pp.97–107.

Ferris, Dana. (2006) Does error feedback help students writers? New evidence on the short- and long-term effects of written error correction. In Ken. Hyland and Fiona. Hyland (Eds.), *Feedback in second language writing: Contexts and issues* (pp.81–104). Cambridge, UK: Cambridge University Press.

Ferris, Dana. (1999) The case for grammar correction in L2 writing classes: a response to Truscott (1996). *Journal of Second Language Writing* 8(1):

pp.1–11.

Friginal, Eric. (2013) Developing research report writing skills using corpora. *English for Specific Purposes* 32(4): pp.208–220.

Grimes, Douglas. and Warschauer, Mark. (2010) Utility in a Fallible Tool: A Multi-Site Case Study of Automated Writing Evaluation. *Journal of Technology, Learning, and Assessment* 8(6): pp.1–44.

Han, Ye., and Hyland, Fiona. (2018) Academic emotions in written corrective feedback situations. *Journal of English for Academic Purposes* 38: pp.1–13.

Han, Ye. (2019) Written corrective feedback from an ecological perspective: The interaction between the context and individual learners. *System* 80: pp.288–303.

Kobayashi, Yuichiro., and Abe, Mariko. (2016) Automated scoring of L2 spoken English with random forests. *Journal of Pan-Pacific Association of Applied Linguistics* 20(1): pp.55–73.

Leacock, Claudia., Chodorow, Martin., and Tetreault, Joel. (2015) Automatic grammar- and spell-checking for language learners. In Sylviane. Granger, Gaëtanelle. Gilquin and Fanny. Meunier (Eds.), *The Cambridge Handbook of Learner Corpus Research* (pp.567–587). Cambridge University Press.

Li, Zhi., Link, Stephanie., and Hedleheimer, Volker. (2015) Rethinking the role of automated writing evaluation (AWE) feedback in ESL writing instruction. *Journal of Second Language Writing* 27: pp.1–18.

Li, Zhi., Link, Stephanie., Ma, Hong., Yang, Hyejin., and Hedleheimer, Volker. (2014) The role of automated writing evaluation holistic scores in the ESL classroom. *System* 44: pp.66–78.

Mizumoto, Atsushi. (2017) Initial Evaluation of AWSuM: A Pilot Study. *Vocabulary Learning and Instruction* 6(2): pp.46–51.

Powers, Donald. E., Escoffery, David. S., and Duchnowsiki, Matthew. P. (2015) Validating AUtomated Essay Scoring: A (Modest) Refinement of the "Gold Standard". *Applied Measurement in Education* 28(2): pp.130–142.

Ranalli, J. (2018) Automated written corrective feedback: how well can students make use of it? *Computer Assisted Language Learning* 31(7): pp.1–22.

Rozovskaya, Alla., Chang, Kai-Wei., Sammons, Mark., and Roth, Dan. (2013) The University of Illinois system in the CoNLL-2013 shared task. *Proceedings of the Seventeenth Conference on Computational Natural Language Learning: Shared Task* pp.13–19.

Sakaguchi, Keisuke., Hayashibe, Yuta., Kondo, Shuhei., Kanashiro, Lis., Mizumoto, Tomoya., Komachi, Mamoru., and Matsumoto, Yuji. (2012) NAIST at the HOO 2012 Shared Task. *Proceedings of the Seventh Workshop on Building Educational Applications Using NLP.* pp.281–288.

Shih, Ru-Chu. (2011) Can Web 2.0 technology assist college students in learning English writing? Integrating Facebook and peer assessment with blended learning. *Australasian Journal of Educational Technology* 27(5): pp.829–845

Stevenson, Marie., and Phakiti, Aek. (2014) The effects of computer-generated feedback on the quality of writing. *Assessing Writing* 19, pp.51–65.

Strobl, Carola. (2013) Affordances of Web 2.0 technologies for collaborative advanced writing in a foreign language. *CALICO Journal* 31(1): pp.1–18.

Tajiri, Toshikazu., Komachi, Mamoru, and Matsumoto, Yuji. (2012) Tense and aspect error correction for ESL learners using global context. *Proceedings of the 50th Annual Meeting of the Association for Computational Linguistics: Short Papers-Volume 2* (pp.198–202).

Truscott, John. (1996) The Case Against Grammar Correction in L2 Writing Classes. *Language Learning* 46, pp.327–369.

Wang, Jinhao., and Brown, Michelle. S. (2007) Automated essay scoring versus human scoring: a comparative study. *Journal of Technology, Learning, and Assessment* 6(2)

Weigle, Sara. C. (2013) English as a Second Language Writing and Automated Essay Evaluation. In Shermis, Mark. D., and Burstein, Jill. (Eds.) *Handbook of automated essay evaluation* (pp.36–54). New York: Routledge.

Wilson, Joshua., and Czik, Amanda. (2016) Automated essay evaluation software in English Language Arts classrooms: Effects on teacher feedback, student motivation, and writing quality. *Computers & Education*, 100: pp.94–109.

Xi, Xiaoming., Higgins, Derrick., Zechner, Klaus., and Williamson, David. (2012) A comparison of two scoring methods for an automated speech scoring system. *Language Testing* 29(3): pp.371–394.

Yoon, Su-Youn., Evanini, Keelan., and Zechner, Klaus. (2011) Non-scorable Response Detection for Automated Speaking Proficiency Assessment. *Proceedings of the Sixth Workshop on Innovative Use of NLP for Building Educational Applications.* pp.152–160.

Zechner, Klaus., Higgins, Derrick., Xi, Xiaoming., and Williamson, David. M. (2009)

Automatic scoring of non-native spontaneous speech in tests of spoken English. *Speech Communication* 51, pp.883–895.

Li, Zhi., Dursun, Ahmet., and Hegelheimer, Volker. (2017) Technology and L2 writing. In Carol, Chapelle. A., and Shannon, Sauro. (Eds.), *The handbook of technology and second language teaching and learning* (pp.77–92). Hoboken, NJ: Wiley Blackwell.

7. 自動採点研究のこれから

石岡恒憲

　人工知能（AI）が将棋より難しいとされる囲碁で世界トップレベルのプロ棋士を撃破（毎日新聞 2016）したり，「ロボットは東大に入れるか」プロジェクト（東ロボ）では模試で 5 教科総合偏差値 57.1 を獲得（国立情報学研究所 2016）したり，アメリカでは IBM ワトソン研究所の AI がクイズ番組で歴代のチャンピオン 2 名に圧勝したといったニュース（日本経済新聞 2011）が広く一般市民に届くようになった．AI ブームは留まることを知らない．そんな中，2018 年 1 月 16 日に「アリババの AI，読解力テストで人間を超える」といったセンセーショナルなニュース（Yu 2018）が飛び込んできた．2018 年の 4 月 17 日には理化学研究所革新知能統合研究センター自然言語理解チームの乾らが，国語の記述問題を採点・添削する AI 技術を開発したとの報道がされた（日刊工業新聞 2018）．もはや AI が文章を理解し，この技術を用いれば日英のエッセイ採点のみならず，センター試験の後継であるところの「大学入学共通テスト」（新テスト）の国語の記述採点ができるのではないかと思われている方も少なくなかっただろう．実際，新テストでは記述問題の導入が予定され，50 万近い受験生の記述解答を採点しなくてはならない．自動採点は採点のコストを大幅に減らし，また人による採点のバラツキを減らすことができる．ミスの無さ，公平性といった立場からも自動採点が望まれていることは間違いがないだろう．

　本章ではエッセイや論述解答の自動採点に向けた最近の話題を取り上げ，著者なりの解説をし，また現在の技術水準について論考する．また今後の研究の方向性や課題，その難しさの所在について言及する．

7.1　アメリカの大学入試におけるエッセイ評価

7.1.1　現在の動向

　現在，アメリカの大学入試では，「共通テストのエッセイ」を要求しない
傾向にある．入学競争の激しい大学でも，たとえばコロンビア大学やコー
ネル大学，マサチューセッツ工科大学，ペンシルベニア大学などは 2015 年
頃から，入学者選抜の審査要件から SAT と ACT のエッセイ部分のスコア
を除外している (Jaschik 2018)．カレッジカウンセラーや高等教育の専門家
は以前からライティングスコアを測定するエッセイは大学での成功と強く
は相関しないと指摘し，ペンシルベニア大学の入学部長であるエリック・
ファーダ (Eric J. Furda) 氏は 2015 年の声明でエッセイを「弱い予測 (weaker
predictive power)」と評していた (Franklin and Zwickel 2018)．

　2018 年 3 月にハーバード大学が 2019 年入学申請より SAT/ACT エッセ
イ部分のスコア提出は不要との判断を公表した (Franklin and Zwickel 2018;
Jaschik 2018) のに続いて，残り全てのアイビーリーグ校，シカゴ大学，ス
タンフォード大学，ミシガン大学，デューク大学などが相次いで同様の声明
を発表した (Ross 2018)．2018 年初頭の数か月間で，アメリカ高等教育の頂
点を構成する入学難易度の高い大学の多くが，入学希望者に対して共通テス
トのエッセイ部分を要求しない方向に，一斉に舵を切ったことになる．

　無論これは，これらの大学が入学審査の過程で学生のライティングスキル
を重視していないことを意味しない．例えばプリンストン大学は入学希望者
に対し，高校時代に（英語か歴史のクラスで）書いた評価済みのレポートの
提出を要求する (Anderson 2018)．National Center for Fair & Open Testing
の公教育ディレクターであるボブ・シェーファー (Bob Schaeffer) 氏によれ
ば，現在の ACT/SAT のライティングテストの形式は「対策で型にはまった
回答を助長する (encourage coaching-driven, formulaic responses)」もので
あり「エッセイ受験のための追加料に見合わない」としている (Shimshock
2018)．ポートフォリオ的評価法が入学者選抜の現場で普及すれば，大規模
に実施される共通テストのエッセイは，もはや不要となるのかもしれない．

7.1.2　現在の SAT エッセイ出題形式とその採点

　現在の SAT のエッセイは 50 分で素材文(passage)を読み，その問いか
け(prompt)に応えるものである．読解(reading)，分析(analysis)，作文
(writing)の 3 つの観点から，基準表(scoring rubric)に基づいて各 1 ～ 4 点
で採点される．採点は異なる 2 人の人によって採点される．3 つの観点スコ
アは単純に加えられ，したがって各 2 ～ 8 点で示される．総合点(composite
SAT essay score)は示されないし，パーセント点(上位何パーセントに位置
するか)も示されない．

　以前の，すなわち 2016 年 3 月以前のエッセイは 2 人の採点者が 1 ～ 6
点で独立に採点をしていた．総合点はそれらを加え，2 ～ 12 点で示されて
いた．もし 2 人の採点が 2 点以上異なった場合は，第 3 の採点者が，最終
点を決定する．エッセイの採点は経験があり，訓練された高校および大学
(College)の教員が行う．以前，SAT エッセイの採点エンジンとして人間と
併用されてきた e-rater は，現在 TOEFL iBT や GRE (アメリカのビジネス
スクール入学のための共通試験)の採点に人との併用として用いられてい
る．e-rater が SAT エッセイの採点システムとして採用されなくなった明確
な理由を(SAT の主催者である)カレッジボードや(開発元である)ETS のサ
イトや文書から著者は見つけることができないが，現在の SAT のエッセイ
の問いかけ形式が，「明確な正解を求める形式であって単なる自らの論理展
開をするだけでは済まない」ことがその一因であるように思われる．つま
り素材文の正しい読解(＝理解)と分析(＝解釈)が SAT エッセイには求めら
れており，e-rater はまだそれに対応できていないのだと思う．システム開
発リーダーであるジル・バーシュタイン(Jill C. Burstein)女史の言葉を借り
れば，「大学レベルの作文能力における技能や知識を検査することをほとん
どの研究はできていない「No significant body of research examines writing
achievement and the specific skills and knowledge in the writing domain for
postsecondary (college)students in the U.S. (Burstein, McCaffrey, Klebanov,
and Ling 2017)」ということであり，e-rater もその例外ではないのだろう．

7.2　AI が読解力テストで人間を超える

7.2.1　ニュースが流れた当初

　アリババとマイクロソフトの AI が読解力テストで人間を超えるとの
ニュースが CNET News に流れたのは 2018 年の 1 月である (Yu 2018)．た
だこの手のニュースは，単に見だしに踊らされることなく，その意味すると
ころを客観的にとらえることが重要である．そのために以下の 3 つの観点か
ら説明する．

(1) どのようなテストセットを使って評価したのか

　このシステムの性能を測定するコンペで用いたのはスタンフォード質問応
答データセット (SQuAD) (Rajpurkar, Zhang, Lopyrev, and Liang 2016) (た
だし当時のバージョンは 1.0 でその後 1.1 を経て現在は 2.0) である．質問応
答のペアは，クラウドワーカーがウィキペディアにある上質な，すなわち信
頼性があると判定される 500 以上の記事に基づいて作成する．その数はバー
ジョン 1.0 で 10 万を超える．質問応答とは，たとえば「ランキンサイクル
(Rankine cycle；補記：ボイラと蒸気タービンを主たる構成要素とする熱機
関の理論サイクル；イギリスの工学者ウィリアム・ランキンに由来) はしば
しば何と呼ばれますか？」という問いに対して，「カルノーサイクル (Carnot
cycle)」を答えるものである．答えの長さは最大で英語 15 ワードで，解答 (正
解) は 1 つに限らない．テストセットが違えば，おのずと導かれる結果も異
なるだろう．

(2) クイズとはどこが違うのか

　求められる解答は日付，数値，人名，地名・国名，実在するものなどの他，
一般的な名詞句や形容詞句，動詞句や節などが含まれている．解答の分類分
けと事例，およびその割合を表 1 に示す．
　通常のクイズ解答は，解答タイプが数値や人名，地名・国名などの固有
名詞が多く，それに比べ SQuAD の解答の範囲が広いことが指摘できる．
その意味で，より一般的な「質問応答」に対応しているといってよいだろ

表1　SQuAD（Ver.1.0）における解答タイプとその割合（Rajpurkar et al. 2016 より和訳の上，転載）

解答タイプ（Answer type）	割合	例
日付（Date）	8.9%	19 October 1512
日付以外の数値（Other Numeric）	10.9%	12
人名（Person）	12.9%	Thomas Coke
地名・国名（Location）	4.4%	Germany
その他実在するもの（Other Entity）	15.3%	ABC Sports
一般的な名詞句（Common Noun Phrase）	31.8%	property damage
形容詞句（Adjective Phrase）	3.9%	second-largest
動詞句（Verb Phrase）	5.5%	returned to Earth
句や節（Clause）	3.7%	to avoid trivialization
その他（Other）	2.7%	quietly

う．実際，Rajpurkar et al.(2016)自身もそのような趣旨のこと(Our dataset consists of large number of answers beyond proper noun entities.) を述べている．

（3）評価基準はなにか

　評価基準としては異なった2つの指標がある．1つは Exact Match（EM: 完全一致率）で他方は F1 スコアである．EM では用意された正解（Ground truth answers）に完全に一致した確率を表す．F1 スコアは情報検索で良く用いられる指標で，正確率（precision）と再現率（recall）の調和平均である．正確率はシステムが正解と判断したものの中で実際に正解であるものの割合（いわゆるゴミの少なさを測る指標）であり，再現率は実際の正解であるものの中でシステムが正解と判断したものの割合（いわゆる網羅性を測る指標）である．両者はトレードオフの関係にあり，一般に一方を高くしようとすると他方は低くなる．調和平均は「逆数の平均の逆数」で表されるが，算術平均に比べ両方とも高くないと高い値が得られないという性質をもつ．したがって F1 スコアは「如何にゴミ（不正解）を含まずに正解を漏れなく答えたか」を示す指標として使われる．

　スタンフォード大学の SQuAD のサイト（Stanford NLP Group 2018）にはアリババやマイクロソフトだけでなく多くの会社や研究機関の EM や F1 スコアが掲載されている．2018 年 7 月 11 日の時点で調査したところ，データ

セット v1.1 に対する性能評価をみると人間のスコアは,

　EM : 82.304　　F1 : 91.221

でそのときのトップは(当初トップだったアリババではなく)YUANFUDAO
research NLP(中国・北京)のシステム MARS で,性能は,

　EM : 83.982　　F1 : 89.796

であった. 2 位にグーグルブレイン & カーネギーメロン大学(アメリカ)のシ
ステム QANet, 3 位に HIT and iFLYTEK Research(中国・北京)のシステム
Hybrid AoA Reader 他がランクされており,アリババのシステム (SLQA+)
はもはや 5 番目, 実質 8 位のランクであった. 進歩の速さに驚くばかりで
あるが,ただこの時点ではこれら AI は EM では人間を超えているが, F1 ス
コアでは未だ超えていないという段階であった.

7.2.2　現在のデータセット

　現在(本稿執筆時点, 2019 年 9 月 2 日) の SQuAD データセットのバー
ジョンは 2.0 であり, 5 万を超える一見解答できるようで解答不可能
(unanswerable) な問題を追加している (Rajpurkar, Jia, and Liang 2018). こ
のためシステム評価では, 単に正解を答えるだけでなく, 正解が存在しな
いあるいは解答を保留する (abstain) ことを答える必要がある. SQuAD2.0
は既存のモデルにとって難しい自然言語理解タスクであり, SQuAD1.1 で
86% の F1 スコアを獲得する強力なニューラルシステムであっても ver.2.0
では 66% しか達成できないとしている (Rajpurkar et al. 2018). SQuAD2.0
の内容については自然言語処理の分野で最も有名なカンファレンスである
ACL (Association for Computational Linguistics) のショートペーパーに記載
されているが, ここに示されている 2 つのクラウドワーカーによって作成さ
れた解答不可能(もっともらしいが不正解)な問題を図 1 に示す.

記事：絶滅の危機に瀕する種の保存に関する法律
パラグラフ："…別の条約には以下の通り 1929 年の「渡り鳥条約法」，セミクジラ
やコククジラを捕獲することを禁じる 1937 年の約約や 1940 年の「ハクトウワシ保
護法」などがある．これらの後者の法律（later laws）は社会にとって低コストで
あり（すなわちこれらの種は比較的数が少なく），それゆえ反対意見（opposition）
がほとんど起きなかった."
質問 1：重大な反対意見が起きたのはどの法律か？
もっともらしい答え：後者の法律（later laws）
質問 2：1937 年の条約の名前は何ですか？
もっともらしい答え：「ハクトウワシ保護法」

図 1　2 つの解答不可能な質問（Rajpurkar et al. 2018 より和訳の上，転載）

彼ら（Rajpurkar et al. 2018）によれば解答不可能な問題は，過去の研究を
踏まえ以下の 2 つの観点を考慮して作られている．

（1）　関連性：そこで述べているパラグラフのトピックに関連のあるこ
と．そうでないと，単語の重複などの簡単なヒューリスティクス（発
見的方法）で解答可能か，不可能かを区別することができる．
（2）　もっともらしい答えのあること：問われる解答のタイプ（型）がコン
テキストにあること．たとえば「1992 年に設立した会社は何です
か？」と尋ねるとしたら，幾つかの会社がそのコンテキストに述べ
てなければならない．そうでないと解答の型のマッチングで解答可
能か，不可能かを区別することができる．

7.2.3　現在の性能
SQuAD2.0 に対する人間のスコアは，

EM：86.831, F1：89.452

であるが，現在（本稿執筆時点，2019 年 9 月 2 日）のトップはピンアングループ
（中国）が開発したオムニシスティック（INGAN Omni-Sinitic）で，その性能は，

EM：88.592, F1：90.859

である．EM のみならず F1 スコアでも人間を超えている．用いられてい
るアルゴリズムは XLNet + DAAF + Verifier のアンサンブル学習である．
XLNet は 2019 年 6 月にカーネギーメロン大と Google の研究チームが発表
した，事前学習とファインチューニングというアイデアを継承しながら，
BERT をさらに上回る性能を達成したモデルである．SQuAD のサイトにあ
るリーダーボードを見ても，単一のアルゴリズムのみで対応するのではな
く，複数のアルゴリズムを組み合わせて使う方法（アンサンブル学習）が優
勢のようである．XLNet のベースとなった BERT は，2018 年 10 月 11 日
に Google が発表した自然言語処理モデルであるが，その名（Bidirectional
Encoder Representations from Transformers；双方向のエンコード表現）
が示す通り，双方向の Transformer（注意機構を備えたニューラルネットモ
デル）である．文章自体にマスクをかけ，穴埋め問題のようにマスクされ
た単語を予測させるタスクに置き換えることで，自己回帰モデルによる学

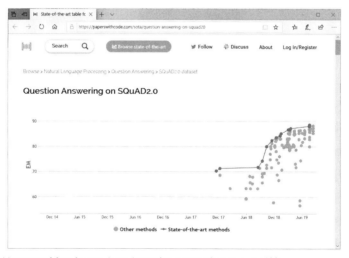

https://paperswithcode.com/sota/question-answering-on-squad20

図 2　SQuAD2.0 におけるシステム性能の推移（EM 基準）
（本グラフのオリジナルコンテンツは https://rajpurkar.github.io/SQuAD-explorer/ に
あり，Creative Commons Public Licenses によってライセンスされている；無保証）

習を可能にしている．現在，BERT を用いたシステムのトップは HIT and iFLYTEK Research（中国・北京）のシステム（BERT + DAE + AoA のアンサンブル学習器）で 6 位である．

　なお SQuAD2.0 に対する各システムの性能の推移は図 2 の通りであり，2018 年の末には人間のレベルに追いつき，現在は超えている様子が見て取れる．

　SQuAD2.0 を用いたコンペでは英語で 15 ワード以内の比較的短い単語や句レベルの解答が求められており，それよりも解答が長く，ときに理由を問われる「短答記述採点」はより難しいと判断できる．

7.3　TOEIC ライティングテスト

　TOEIC（Test of English for International Communication）Tests とは英語を母語としない者を対象とした，英語コミュニケーション能力を測定する世界共通のテストである．聞く・読む力を測る Listening & Reading Test と，話す・書く力を測る Speaking & Writing Tests があり，これにより 4 技能（聞く・読む・話す・書く）全ての英語コミュニケーション能力がわかるとしている（国際ビジネスコミュニケーション協会）．本稿では，このうちライティ

表 2　TOEIC ライティングテストの構成（https://www.iibc-global.org/toeic/test/sw/about/format.html より抜粋の上，一部転載）

内容	問題数	解答時間	課題概要	評価基準	採点スケール
写真描写問題	5	5 問で 8 分	与えられた 2 つの語(句)を使い，写真の内容に合う一文を作成する	・文法 ・写真と文章の関連性	0〜3
E メール作成問題	2	各問 10 分	25〜50 語程度の E メールを読み，返信のメールを作成する	・文章の質と多様性 ・語彙 ・構成	0〜4
意見を記述する問題	1	30 分	提示されたテーマについて，自分の意見を理由あるいは例とともに記述する	・理由や例を挙げて意見を述べているか ・文法 ・語彙 ・構成	0〜5

ングテスト（Writing Tests）を取り上げる．ライティングテストにおけるテストの構成は表2に示す通り3つのタイプの問題が出題される．

これら3つの記述解答については機械によって採点されることがテスト開発元である ETS の Web ページ（Educational Testing Service 2018）に記載されてある．このうち「E メール作成問題」と「意見を記述する問題」については，いわゆるエッセイタイプの問題として e-rater が採点することが広く知られている．残りの「写真描写問題」は，正解のあるいわゆる短文記述式回答であるが，これについて自動採点を可能ならしめる仕組みについて説明する．

TOEIC ライティングテストのサンプル問題は，TOEIC Program の実施運営を行っている国際ビジネスコミュニケーション協会（2018）に記載されている．図3にその例を示すが，写真の絵を見て airport terminal と so の指定された2語を用いて写真の内容を描写する．"There are so many cars parked at the airport." と解答すると満点の3点が得られる．

図3　TOEIC ライティング写真描写問題；airport terminal / so の2語を指定（Copyright © 2018 Educational Testing Service. www.ets. org. Reprinted by permission of Educational Testing Service, the copyright owner.）

写真描写問題を含む TOEIC ライティングの設問数と採点基準は表2に示す通りであるが，これを見ると写真描写問題で求める観点はきわめてシンプルで，文法と写真との関連性のみであることに気づく．文法の誤りについては多くの英文チェッカーや英文校正ツールが既にあり，写真との関連性につ

いては潜在的意味解析（Latent Semantic Indexing）やトピックモデルなどの既存の技術が利用できる．これを可能とするのはひとえに2語の語彙指定のおかげだと思われる．語彙指定があるために内容の正確性や妥当性の評価をしなくとも，それを単にその指定語句が含まれているか否かで代替できるからである．

　一方，「Eメール作成問題」や「意見を記述する問題」などのエッセイタイプの試験については正解を求める短答式解答に比べその研究は早く，既に多くの実用的なシステムが存在する．TOEICライティングを採点するe-raterはその1つである．2012年にはヒューレット財団がスポンサーとなり Automated Student Assessment Prize（ASAP）と呼ばれる Kaggle（企業や研究者による最適モデルのコンペティション）が実施された（The Hewlett Foundation 2012）．エッセイ採点については154のチーム（196の参加者）が参加し，8つの論題に対してエッセイ採点システム（AES: Automated Essay Scoring）の性能を競った．8つの論題のうち4つは伝統的な作文ジャンル，すなわち意見文（persuasive），説明文（expository），叙述文（narrative）から出題された．残りの4つは素材に基づく（source-based）質問であり，素材文について誘発される質問について答えるものである．被験者は7, 8, 10年生（中1, 中2, 高1年生に対応）である．招待された9つの AES ベンダは AutoScore（開発：American Institutes for Research），LightSIDE（カーネギーメロン大学），Bookette（CTB/McGraw-Hill），e-rater（ETS），Lexile Writing Analyzer（MetaMetrics），PEG（Measurement Inc.），Intelligent Essay Assessor,IEA（Pearson Education），CRASE（Pacific Metrics），IntelliMetric（Vantage Learning）である．LightSIDE のみがオープンソースであり商用ベンダは8つであるが，この8つで現在のアメリカにおける自動採点市場の97%を占めるとされている．これらのシステムに関する Kaggle の調査は Academic Advisory Board の委員長を務めた Shermis 博士らによる報告（Shermis 2013）に詳しいが，結果は AES が人間の評価者に比べ信頼できるというものである．ただそれに対しては多くの反論がある．その典型は「コンピュータは文を正しく読めているわけではなく，有効な書き言葉による伝達の本質を測ることができない」というものである．MITの研究

者で AES の批評家として有名なレス・ペレルマン（Les Perelman）氏によれ
ば，測定できない本質として，書かれている内容の確かさ(accuracy)，論法
(reasoning)，証拠の適切性(adequacy of evidence)，良識(good sense)，倫
理的スタンス(ethical stance)，説得力(convincing argument)，（文のまとま
りとしての）意味のある組織化(meaningful organization)，明瞭性(clarity)，
誠実さ(veracity) を挙げている (Perelman 2013)．なお日本語を処理する
エッセイ評価システムには Jess (Ishioka 2006) がある．各種英文エッセイ採
点システムのアルゴリズムの紹介（日本語）については石岡(2016)がある．

7.4　東大 2 次試験，世界史 500–600 字論述解答の自動作成　　と自動評価（NTCIR-13）

7.4.1　タスクの概観

　NTCIR（エンティサイル，NII Testbeds and Community for Information
access Research）とは，情報検索，質問応答，要約，テキストマイニング，
機械翻訳などの分野において，情報の理解や活用を支援する技術の大規模な
評価基盤を共有し，その共通基盤のもと，それぞれの研究を推進，検証，比
較評価し，相互に学びあうフォーラムを形成するプロジェクトである（国立
情報学研究所 2018）．NTCIR ワークショップは，1998 年から，概ね 1 年半
を 1 サイクルとし，毎回，いくつかのタスクを選定して，国立情報学研究所
の主催のもと国内外の 100 〜 130 の研究団体が協力して活動がされてきた．
各サイクルの最後には，NTCIR カンファレンスが国際会議として実施され
る．現在は第 14 回大会が完了したばかりであるが，第 13 回大会(2017 年
12 月）では 9 つのタスクが設定され，著者らのグループは，実世界質問応答
を目指す QA-Lab3 タスクに参加した．ここでは東大 2 次試験世界史 500 –
600 字論述の解答の作成とその評価を競った．対象となった設問は過去に出
題された 5 題であるが，そのうちの 1 題は以下のようなものである(図 4)．

輝かしい古代文明を建設したエジプトは，その後も，連綿として五〇〇〇年の歴史
を営んできた．その歴史は，豊かな国土を舞台とするものであるが，とりわけ近隣
や遠方から到来して深い刻印を残した政治勢力と，これに対するエジプト側の主体
的な対応との関わりを抜きにしては，語ることができない．
こうした事情に注意を向け，
(1) エジプトに到来した側の関心や，進出に至った背景
(2) 進出をうけたエジプト側がとった政策や行動
の両方の側面を考えながら，エジプトが文明の発祥以来，いかなる歴史的展開をと
げてきたかを概観せよ．解答は，解答欄の（イ）を使用して一八行以内とし，下記
の八つの語句を必ず一回は用いた上で，その語句の部分に下線を付せ．

アクティウムの海戦，イスラム教，オスマン帝国，サラディン，ナイル川，ナセル，
ナポレオン，ムハンマド・アリー

図4　2001年東大前期・世界史第1問「エジプトの歴史」

　東大の2次試験の世界史の問題はTOEICのライティング試験と同様に語
彙指定がされていることがわかる．この問題を18行（30字/行×18行＝
540字程度）で解答する．解答の仕方にはさまざまな方法があろうが，より
一般的な方法は，与えられている用語を時系列に，すなわち「ナイル川」「ア
クティウムの海戦」「イスラム教」「サラディン」「オスマン帝国」「ナポレオ
ン」「ムハンマド・アリー」「ナセル」に並べ替え，「ナイル川」から「古代
エジプト文明」を，「アクティウムの海戦」から「ローマとの関係」を，「イ
スラム教」「サラディン」から「イスラム教への改宗やカイロ建設，アイユー
ブ朝のサラディンによる十字軍撃破」等を，「オスマン帝国」「ナポレオン」
「ムハンマド・アリー」からは「エジプトがオスマン帝国に支配されたが，
やがて自立していく過程」を記述する方法である．「ナセル」については「エ
ジプトのイギリスからの独立」を書くと良いだろう．
　もっとも論述問題では，「題意を正しく把握し，聞かれたことに適切に答
える」ことが大切である．この問題の例だと，(1)と(2)に示されている「両
方の側面」を踏まえることが重要になる．問題のタイプによっては主要求だ
けでなく，リード文の読み込みによる出題者の意図の把握が重要になる場合
もある．
　解答の自動作成においてはキーワードに基づく教科書や資料における抽出

箇所の同定は比較的容易であると思われるが,「題意の正しい理解」や「聞かれたことに適切に答える」ことはやはり難しい.また「抜き出した文の言い換え」や「指示語の解消(指示語は解答文中にその指し示すものが含まれてなければならない)」「重複表現の解消(同じようなことが繰り返し表出することは不適)」など,文章要約に求められる技術の実装も必要になる.

7.4.2　解答の戦略と評価

　前節で述べた解答の戦略に従って「ナイル川」から「古代エジプト文明」を外国からの進出との関連に絡めて書くにしても,その書き方は多種多様である.たとえば以下の3つの書き方は全て適切である.

・ 古代エジプトは,ナイル川を中心に長らく独立王朝が栄えたが,アレクサンドロス大王などの征服を受ける.
・ エジプトはナイル川流域に穀倉地帯を形成して文明を発展させたが,ヒクソスやアケメネス朝などの異民族の支配を受けることもあった.
・ エジプトはナイル川が育んだ肥沃な土壌により紀元前 3000 年頃から文明が栄え,ピラミッド・太陽暦・神聖文字といった優れた文物を生み出したが,その豊かさに着目した外部勢力の侵入を度々受けた.

　これら3つの解答に現れる用語はかなり多様で,しかもいずれにも「古代エジプト文明」という語は表れない.意味的な理解が必要な所以である.したがって,あらかじめ採点者が通常は用意する模範解答と採点される解答の意味的一致には,使い古された技法であろうが潜在意味解析やトピックモデルといった手法が有効だろう.一方,「古代エジプトは,アケメネス朝やアレクサンドロス大王の征服を受けた.」と記述したら2点を与えるといった部分点の付与については(指定されたキーワードではないものの)「アケメネス朝」や「アレクサンドロス大王」といった用語ベースの一致が重要になる.これより評価指標には機械翻訳の評価尺度で知られる BLEU(ブルー;Papineni 2002)や ROUGE(ルージュ;Lin and Hovy 2003)を用いるのがよいだろう.BLEU はシステム解答と1つ以上の参照解答とを比較し,システム解答中の N グラムが参照解答中にどの程度出現するかを,情報検索でいうところの精度(precision)を用いて測定する指標である.ROUGE は参照解

答と，システム解答の間で一致する N グラムの割合を計算するもので，情報検索でいう再現率（recall）を考慮した指標である．もちろん，事実と反することを書いたならそれは減点になるし，本課題のような用語指定においては，その用語が使われていないなら大きな減点になる．以上，述べたことをまとめ，著者ら（大学入試センター＋九州大）のとった採点の仕組みの概略を図5に示す．これに加え，異表記の問題を解消する（正規的な表現に統一する）．なお人による事前の採点済みデータは（与えられた課題に対しては）存在しない．したがって採点データを用いた機械学習のアプローチをとらない．

---

1. タスク運営側が用意する3つの模範解答への意味的一致度を，潜在意味分析を用い文書間のコサイン類似度で測る．そのうちの最大値を採用し，それに満点を乗じる．
2. 部分点解答との字句ベースにおける一致度を BLUE および ROUGE で測る．部分点の付与は0点か付与かの2値判断とする．
3. 1の得点と2の部分点積み上げの大きい方を採用する．
4. 指定されている字句が欠落したら減点する．
5. 字数が指定（540字）を超えていたら得点を半分にする．

図5　NTCIR-13 QA-Lab3 タスクで著者らのとった戦略の概要

NTCIR-13 QA-Lab3 タスクに参加したのは国立高雄応用科技大，横浜国立大，淡江大，名古屋大，京都大，早稲田大，カーネギーメロン大（2チーム），慶應義塾大，DG Lab，大学入試センター＋九州大の11チームであった．著者ら（大学入試センター＋九州大）は自動評価のみの参加であったが，20点満点の採点において全20解答中17の解答が正解と3点差に収まった（Ishioka 2017）．評価データ数が1課題あたり4題，5年分の計20件とあまりに小さいことに加えて，人間の評価（教師データ）採点が0点であることが多く，コンペとして適切であるとは言い難いが，残差二乗和基準で我々がトップであった．横浜国立大（森研究室）のチームも良い成績を収めた（Shibuki et al. 2017）．

7.5　東北大などの研究グループが AI で国語記述の採点システムを開発

7.5.1　採点ロジック概観

　NHK 仙台放送局「てれまさむね」にて，「大学入試でセンター試験に代わる新たな記述式の問題を含むテストが始まるのを前に，国語の記述問題を採点できる人工知能のシステムを東北大学などの研究グループが開発」したとの放映がされた（2018 年 6 月 29 日）．国語問題を 76％の精度で採点できるとしている．大量の採点済みデータ（教師データ）をもとにディープラーニングで学習させたとしている．その後，このシステムについて書かれたと思われる論文が水本ほか（2018）により紹介された．これによると使われている技術は LSTM (long short-term memory) という RNN (Recurrent Neural Network) にはない長期依存 (long-term dependencies) を学習可能とするモデルに，アテンション (attention) と呼ばれる注意機構を組み込んだものになっている．自然言語文は一種の系列データ (sequential data) であるから，順に現れる単語をベクトル化（分散表現）し，これらをベクトルの並びとして処理する．アテンションは予測モデルに入力データのどの部分に注目するか知らせる機構のことである．短答記述採点においては通常，「この箇所を書いていたら○点を与える」という部分点があり，部分点を足し合わせて得点を与える仕組みにおいてアテンションは必要不可欠であろう．ただこの水本ほか（2018）では，全体データの 1/50 に対して，採点基準を参考にして「項目点」と「項目点の対象箇所」を人手でアノテーションしたものを学習データとして与えている．

7.5.2　研究の動向

　近年はこのような洗練されたニューラルネットワーク機構に基づいた研究が盛ん (Dong, Zhang, and Yang 2017; Riordan, Horbach, Cahill, Zesch, and Lee 2017; Taghipour and Ng, 2016) で，LSTM + attention はいわば業界標準になりつつある (Dong et al. 2017; Tay 2018; Zhang 2019)．現在ディープラーニングでは，Tensorflow（テンソルフロー）や Keras（ケラス）といった

ライブラリを用いることが多いが，Facebook の人工知能研究グループが初期開発した PyTorch（パイトーチ）を用いれば，LSTM + attention をより簡単に実装できる．さらに Google AI Language の研究者らが開発した BERT (Bidirectional Encoder Representations from Transformers) は，その論文 (Devlin, Chang, Lee, and Toutanova 2018) において質疑応答 (SQuAD v1.1) と自然言語推論（MNLI: MultiNLI の略称で自然言語推論のコーパス）といった様々な自然言語処理のタスクにおいて先行する言語モデルを凌駕する性能を実現し，多くの研究者が注目している．XLNet は 18 個のベンチマークのすべてにおいて BERT を超えたとする最新の言語モデルである．その論文 (Yang et al. 2019) によると，BERT のアプローチを拡張し，分解順序のすべての順列に対する予想尤度を最大化することにより双方向コンテキストの学習を可能にしたという．ネットを探せば，多くの関連記事や関連研究を容易に見つけることができる．解決すべき問題は残るだろうが，自動採点への適用も遠い未来ではないだろう．

7.6　おわりに

7.6.1　意見論文

　問題について議論の余地のある意見を提示する論文のことをポジションペーパー（position paper）と呼ぶが，自然言語処理分野で最も有名な（いわゆるトップ）カンファレンスである ACL において，昨年 "自動採点：自然言語処理を超えて" と題されるポジションペーパーが示された (Madnani and Cahill 2018)．これは 11 枚からなるペーパーとしては大部なものであるが，これによると自動採点については立場によって求める基準が異なることを指摘している．

　ビジネスの立場からは膨大な開発資源に見合うための費用対効果の面や，システム応答性や全体的な信頼性や妥当性が重要であるのに対し，開発者は正確性，すなわち人間とのスコアの一致性を一義に考えるとしている（カンファレンスやワークショップでの発表や情報の公開，さらに作られたシステムのモジュール性もまた大切であるが）．システム開発者は正確性を向上

させるために，より洗練されたサポートベクタマシンや非線形カーネル，ディープニューラルネットワークなどの洗練された手法を用いたがるが，事後的な解釈（post-hoc interpretability）（Lipton 2016）には役立たないとしている．もっとも一般ユーザにとって重要な解釈可能性についての研究はおこなわれている（Doshi-Velez and Kim 2017; Koh and Liang 2017; Lilja 2018; Ribeiro, Singh, and Guestrin 2016）が，機械学習の手法の研究に比べると大幅に遅れている．特に自動採点スコアに偏りがないことを保証する研究は自然言語処理の分野ではほとんど議論されていない．教師の立場から見ると，教室での実使用における有用性や応答性，フィードバック等が関心事である．これらのことよりすべての人に応えようとすることには解決すべき困難なことが多いように思われるとしている．

　2014年版教育及び心理テスト基準（The 2014 edition of the Standards for Educational and Psychological Testing）のうち，自動採点に関する基準を整理したのが表3である．

表3　2014年版教育及び心理テスト基準のうち自動採点に関連する基準

基準 3.8	テスト開発者および（本基準の）ユーザはスコア解釈の妥当性の証拠を集めて，被験者のサブグループごとにテスト利用者に報告しなければならない
基準 4.19	複雑な被験者解答を評価するために自動採点が使われる場合，各スコアレベルにおける特徴や特性値が，アルゴリズム使用の理論および経験に基づき文書化されていなければならない
基準 6.8	テスト採点の責任者は採点の手順（プロトコル）を確立しなければならない．複雑な応答をコンピュータが採点したなら，アルゴリズムやプロセスの正確性が文書化されていなければならない．
基準 6.9	テスト採点の責任者は品質管理プロセスと基準を確立し文書化しなければならない．適切な訓練が行われ，採点の品質が監視され記録されなければならない．採点間違いの原本が体系的に記録され修正されなくてはならない．

　ここにあるように自動採点には様々な立場の利害関係者が絡んでおり，この分野にかかわる多くの研究者は互いに他の研究者と協力して，公正で説明責任のある利用に向けて努力する必要があろう．

7.6.2 教師あり学習か教師なしか

昨今の人工知能的アプローチ，とりわけニューラルネットワークに基づく研究の隆盛もあって，自動採点の分野においても人間の採点の背後にある採点の仕組みを機械学習するアプローチの研究が盛んである．確かに「教師学習（採点済みデータ）を使う」のも1つの確かな方法であろうが，このような利用ができるのは，採点済のデータが膨大に得られる全国規模の試験に限られる．実際，センター試験に変わる新たな共通テストでは国語に記述採点が採用されることから，このような利用の可能性も確かにあるだろう．ただこの場合であっても，採点済みのデータがいったいどのくらいあれば採点に対して十分なのか，また採点済のデータにはないパターンの解答があった場合に，どの程度妥当な結果を出すかは明らかではない．また深層学習では，採点のメカニズムが陽に示されないことから，被験者になぜそのスコアになったのかを説明することが難しい．

そのようなことを考えれば，従来の（旧態依然とした方法である）「教師学習をせずに採点表（ルーブリック）をもとに採点する」というアプローチはそれなりの説得力（＝説明性）を持つだろう．予め決められた採点表にある模範解答や採点基準（部分点）への適合性について，教科書や信頼のおける記事などコーパスを利用してその程度を測定することになる．その適合性について判定するのに新しい技術であるLSTM + attentionなどの利用は十分に考えられる．クラスルームにおける定期テストや課題採点においては，予め，大量の採点データを用意しておくことは現実的でなく，この方法は小規模な試験に向く．

もちろん，どちらの方法を使うにせよ，そのテストがハイステークスなテストである場合には，人間が改めてその採点結果の妥当性を確認し，必要に応じて修正する必要があるだろう．両方法の利点や適用の場に応じた使い分けが必要になるかもしれない．また表現の揺れの幅を防ぎ，回答の妥当性評価を容易にするためにTOEICライティングテストや東大2次試験世界史で使われているような語彙指定は自動採点には有効だと考える．

7.6.3　手書き文字入力

　我が国においては，いまだにキーボード入力ですべての試験を行うことは
まだ現実的ではなく，当面は手書きによる解答入力が普通だろう．手書き文
字やタブレット文字入力において，間違った文字を書いた場合に，N グラム
などの言語モデルを利用して文字認識をするとき，その認識率を上げようと
すると，間違った文字も正しい文字に変換してしまう可能性がある．たとえ
ば「完壁」→「完璧」，「酒落」→「洒落」，「三昧」→「三昧」などがそうで
ある．我々が普段仕事で使う実用上のシステムではこれで構わないが，テス
トにおいては必ずしもそうではない．間違ったものは間違ったものとして認
識されなければならない．手書き文字認識は本稿の範囲外ではあるが，自動
採点に付随する問題点として指摘しておく．

参考文献

石岡恒憲（2016）「コンピュータ上で実施する記述式試験—エッセイタイプ，短答式，
　　マルチメディア利用について—」『電子情報通信学会誌』99(10): pp.1005–1011.
国際ビジネスコミュニケーション協会（2018）「TOEIC Speaking & Writing Tests, サ
　　ンプル問題に挑戦」
　　<http://www.iibc-global.org/toeic/test/sw/about/format/sampletest/sw_
　　challenge.html>2019.10.27
国立情報学研究所（2016）「NII 人工知能プロジェクト「ロボットは東大に入れるか」
　　／センター試験模試 6 科目で偏差値 50 以上」
　　<https://www.nii.ac.jp/news/release/2016/1114.html>2019.10.27
国立情報学研究所（2018）「NTCIR とは」　<http://ntcir.nii.ac.jp/jp/about/>2019.10.27
日刊工業新聞（2018）「AI が国語記述問題を添削 理研・東北大，4 年内実用化へ」
　　<https://www.nikkan.co.jp/articles/view/00469922>2019.10.27
日本経済新聞（2011）「人間にクイズで勝ったコンピューター「ワトソン」の素顔」
　　<https://www.nikkei.com/article/DGXNASDD2305K_T20C11A3000000/>
　　2019.10.27
毎日新聞（2016）「人工知能，トップ棋士を撃破「アルファ碁」初戦で」
　　<https://mainichi.jp/articles/20160310/ddm/012/040/071000c>2019.10.27

水本智也・磯部順子・関根聡・乾健太郎（2018）「採点項目に基づく国語記述式答案の自動採点」『言語処理学会第 24 回年次大会発表論文集』pp.552–555.

Anderson, Nick. (2018)「Princeton and Stanford drop requirement for essay testing」『Washington Post』<https://www.washingtonpost.com/news/grade-point/wp/2018/07/05/princeton-drops-requirement-that-prospective-students-take-sat-or-act-essay-test/>2019.10.27

Burstein, Jill., McCaffrey, Dan., Klebanov, Beigman. B., and Ling, Guangming. (2017) Exploring Relationships between Writing & Broader Outcomes with Automated Writing Evaluation. *Proceedings of the 12th Workshop on Innovative Use of NLP or Building Educational Applications* pp.101–108.

Devlin, Jacob., Chang, Ming-Wei., Lee, Kenton., and Toutanova, Kristina. (2018) BERT: Pre-training of Deep Bidirectional Transformers for Language Understanding. arXiv:1810.04805v2 [cs.CL] 1–16. Retrieved May 24, 2019 from the arXiv database.

Dong, Fei., Zhang, Yue., and Yang, Jie. (2017) Attention-based Recurrent Convolutional Neural Network for Automatic Essay Scoring. *Proceedings of the 21st Conference on Computational Natural Language Learning (CoNLL 2017),* pp.153–162.

Doshi-Velez, Finale., and Kim, Been. (2017) Towards A Rigorous Science of Interpretable Machine Learning. arXiv:1702.08608 [stat.ML] 1–13. Retrieved October 27, 2019 from the arXiv database.

Educational Testing Service (2018)「標準テストの採点方法」<https://www.ets.org/jp/understanding_testing/scoring>2019.10.27

Franklin, Delano R., and Zwickel, Samuel W. (2018)「Harvard Applicants No Longer Required to Submit SAT, ACT Writing Scores」『The Harvard Crimson』<https://www.thecrimson.com/article/2018/3/20/harvard-drops-writing-scores/>2019.10.27

Ishioka, Tsunenori., Yamaguchi, Kohei., and Mine, Tsunenori. (2017) Rubric-based automated Japanese short-answer scoring and support system applied to QALab-3. *Proceedings of the 13th NTCIR Conference* pp.152–158.

Ishioka, Tsunenori., and Kameda, Masayuki. (2006) Automated Japanese Essay Scoring System based on Articles Written by Experts. *21st International Conference on Computational Linguistics and 44th Annual Meeting of the Association for Computational Linguistics (Coling-ACL 2006)* pp.233–240.

Jaschik, Scott. (2018)「Harvard Drops SAT Essay as Requirement」『Inside Higher Ed』<https://www.insidehighered.com/admissions/article/2018/03/19/harvard-ends-requirement-sat-essay>2019.10.27

Koh Pang Wei., and Liang, Percy. (2017) Understanding Black-box Predictions via Influence Functions. *Proceedings of the 34th International Conference on Machine Learning* pp.1885–1894.

Lilja, Mathias. (2018) *Automatic Essay Scoring of Swedish Essays using Neural Networks.* Independent thesis Advanced level, Uppsala University, Uppsala, Sweden.

Lin, Chin-Yew., and Hovy, Eduard. (2003) Automatic Evaluation of Summaries Using N-gram Co-Occurrence Statistics. *Proceedings of the Human Technology Conference 2003 (HLT-NAACL-2003)* pp.150–157.

Lipton, Zachary C. (2016) The Mythos of Model Interpretability. arXiv:1606.03490 [cs. LG] 1-9. Retrieved October 27, 2019 from the arXiv database.

Madnani, Nitin., and Cahill, Aoife. (2018) Automated Scoring: Beyond Natural Language Processing. *Proceedings of the 27th International Conference on Computational Linguistics* pp.1099–1109.

Papineni, Kishore., Roukos, Salim., Ward, Todd., and Zhu, Wei-Jing. (2002) BLEU: a Method for Automatic Evaluation of Machine Translation. *Proceedings of the 40th Annual Meeting of the Association for Computational Linguistics (ACL)* pp.311–318.

Perelman, Les C. (2013) Critique (Ver.3.4) of Mark D. Shermis & Ben Hammer, "Contrasting State-of-the-Art Automated Scoring of Essays: Analysis". http://www.scoreright.org/NCME_2012_Paper3_29_12.pdf

Rajpurkar, Pranav., Zhang, Jian., Lopyrev, Konstantin., and Liang, Percy. (2016) SQuAD: 100,000+ Questions for Machine Comprehension of Text. arXiv:1606.05250 [cs.CL] 1-10. Retrieved October 27, 2019 from the arXiv database.

Rajpurkar, Pranav., Jia, Robin., and Liang, Percy. (2018) Know What You Don't Know: Unanswerable Questions for SQuAD. *Proceedings of the 56th Annual Meeting of the Association for Computational Linguistics (Volume 2: Short Papers)* pp.784–789.

Ribeiro, Marco Tulio., Singh, Sameer., and Guestrin, Carlos. (2016) Why Should I Trust You?: Explaining the Predictions of Any Classifier. *Proceedings of the*

22nd ACM SIGKDD International Conference on Knowledge Discovery and Data Mining pp.1135–1144.

Riordan, Brian., Horbach, Andrea., Cahill, Aoife., Zesch, Torsten., and Lee, Chong Min. (2017) Investigating Neural Architectures for Short Answer Scoring. In *Proceedings of the 12th Workshop on Innovative Use of NLP for Building Educational Applications* pp.159–168.

Ross, Kelly Mae. (2018) Colleges Drop SAT, ACT Essay: What Students Should Know, U.S. News<https://www.usnews.com/education/best-colleges/articles/2018-09-10/colleges-drop-sat-act-essay-what-students-should-know>2019.10.28

Shermis, Mark D., and Hamner, Ben. (2013) Contrasting State-of-the-Art Automated Scoring of Essays. In M. D. Shermis, and J. Burstein. (Eds.), *Handbook of automated essay evaluation: Current applications and new directions* (pp.313–346). New York, NY: Routledge.

Shibuki, Hideyuki., Sakamoto, Kotaro., Ishioroshi, Madoka., Kano, Yoshinobu., Mitamura, Teruko., Mori, Tatsunori., and Kando, Noriko. (2017) Overview of the NTCIR-13 QA Lab-3 Task. *Proceedings of the 13th NTCIR Conference* pp.112–128.

Shimshock, Rob. (2018)「Here's Why Colleges Are Quickly Dropping SAT and ACT Essay Requirements」『The Daily Caller』<https://dailycaller.com/2018/07/15/colleges-dropping-sat-essays/>2019.10.27

Stanford NLP Group (2018)「SQuAD2.0, The Stanford Question Answering Dataset」<https://rajpurkar.github.io/SQuAD-explorer/>2019.10.27

Taghipour, Kaveh., and Ng, Hwee Tou. (2016) A Neural Approach to Automated Essay Scoring. *Proceedings of the 2016 Conference on Empirical Methods in Natural Language Processing* pp.1882–1891.

Tay, Yi., Phan, Minh C., Tuan, Luu Anh., and Hui, Siu Cheung. (2018) SKIPFLOW: Incorporating Neural Coherence Features for End-to-End Automatic Text Scoring. *The 32nd AAAI Conference on Artificial Intelligence (AAAI-18)* pp.5948–5955.

The Hewlett Foundation. (2012)「Automated Student Assessment Prize (ASAP)」<https://www.kaggle.com/c/asap-aes>2019.10.27

Yang, Zhilin., Dai, Zihang., Yang, Yiming., Carbonell, Jaime., Salakhutdinov, Ruslan., and Le, Quoc V. (2019) XLNet: Generalized Autoregressive Pretraining for

Language Understanding, arXiv:1906.08237

Yu, Eileen. (2018)「アリババの AI，読解力テストで人間を超える」『CNET Japan』<https://japan.cnet.com/article/35113192/>2019.10.27

Zhang, Haoran., and Litman, Diane. (2019) Co-Attention Based Neural Network for Source-Dependent Essay Scoring. Proceedings of the Thirteenth Workshop on Innovative Use of NLP for Building Educational Applications pp.399–409.

執筆者紹介（アイウエオ順　*編者）

*石井雄隆(いしい ゆたか) 執筆章 1, 6
1987 年生まれ．2019 年早稲田大学大学院教育学研究科博士後期課程教科教育学専攻退学．博士(教育学)．専修大学附属高等学校，早稲田大学大学総合研究センターを経て，千葉大学教育学部・大学院教育学研究科助教．
（主著・主論文）『大学総合研究センターの今：教育改革に挑む早稲田』(早稲田大学出版部 2018 編著)．

石岡恒憲(いしおか つねのり) 執筆章 7
1959 年生まれ．1985 年東京理科大学大学院修士課程修了．1992 年博士(工学)．株式会社リコー研究員を経て 1998 年文部省大学入試センター助教授．その後，2011 年独立行政法人大学入試センター教授(現職)．2000 年文部省長期在外研究員(カーネギーメロン大学，Language Technologies Institute)．2012 年–2016 年東京工業大学大学院社会理工学研究科連携教授．
（主著・主論文）「テストの現代化と大学入試」『新しい時代の大学入試』(金子書房 2014)，「論述式項目の自動採点」『e テスティング』(培風館 2009)．Ishioka, T. & Kameda, M. Automated Japanese Essay Scoring System based on Articles Written by Experts, *ACL-Coling 2006*, 2006, pp.233–240.

金田拓(かねた たく) 執筆章 3
1984 年生まれ．2015 年東京外国語大学大学院博士後期課程中退．帝京科学大学教育人間科学部講師．
（主著・主論文）「コーパスに基づく『外来語言い換え提案』の評価」(『コーパスに基づく言語学教育研究報告』東京外国語大学大学院地域文化研究科グローバル COE プログラム 2012)，『ケンブリッジ英検 KET 実践問題集』(基盤学力総合研究所 2016 共著)

小島ますみ(こじま ますみ) 執筆章 3
1972 年生まれ．名古屋大学大学院国際開発研究科博士課程(後期課程)修了(学術博士)．岐阜市立女子短期大学英語英文学科准教授．
（主著・主論文）「第二言語学習者のライティング研究資料としてのコーパス利用」『英語コーパス研究シリーズ 第 1 巻—コーパスと英語研究』(ひつじ書房 2019)，

Promoting intrinsic motivation and transcultural competence through IC skills training. *Reading to Learn in a Foreign Language: An Integrated Approach to Foreign Language Instruction and Assessment*（Routledge 2019）.

小林雄一郎（こばやし ゆういちろう）執筆章 4
2012 年大阪大学大学院言語文化研究科博士後期課程修了．博士（言語文化学）．日本学術振興会特別研究員 PD，東洋大学社会学部助教を経て，日本大学生産工学部助教．
（主著）『R によるやさしいテキストマイニング』（オーム社 2017），『仕事に使えるクチコミ分析』（技術評論社 2017），『ことばのデータサイエンス』（朝倉書店 2019）.

* 近藤悠介（こんどう ゆうすけ）執筆章 1, 2, 6
1978 年生まれ．2008 年早稲田大学大学院教育学研究科博士課程教科教育学専攻退学．博士（教育学）．早稲田大学グローバルエデュケーションセンター准教授．
（主著・主論文）「英語学習者の発話自動採点システムの開発と英語教育プログラムへの導入可能性の検討」*Language Education & Technology*（2017, 54. 23–40. 共著）.

永田亮（ながた りょう）執筆章 5
1977 年生まれ．2005 年三重大学大学院博士課程修了．博士（工学）．兵庫教育大学助手，甲南大学講師を経て，甲南大学知能情報学部准教授．
（主著）『語学学習支援のための言語処理』（コロナ社 2017）.

英語教育における自動採点―現状と課題

Automated Scoring in English Language Education: Its current situation and issues

Edited by Yutaka Ishii and Yusuke Kondo

発行	2020 年 10 月 12 日　初版 1 刷
定価	1700 円＋税
編者	© 石井雄隆・近藤悠介
発行者	松本功
装丁者	三好誠
組版所	株式会社 ディ・トランスポート
印刷・製本所	株式会社 シナノ
発行所	株式会社 ひつじ書房

〒 112-0011 東京都文京区千石 2-1-2　大和ビル 2 階
Tel.03-5319-4916　Fax.03-5319-4917
郵便振替 00120-8-142852
toiawase@hituzi.co.jp　http://www.hituzi.co.jp/

ISBN978-4-8234-1060-4

[刊行書籍のご案内]

R で学ぶ日本語テキストマイニング

石田基広・小林雄一郎著　　定価 2,600 円＋税

さまざまな研究領域や実務分野で、テキストマイニングという技術の導入が進んでいる。テキストマイニングとは、特に大規模なテキストデータを対象に、情報科学やデータ科学の技術にもとづいて分析を行い、新しい知見を導こうとする試みの総称である。本書は、テキストマイニングを語学・文学研究に応用するための入門書である。前半では、言語データ分析と R の操作方法について詳細に解説し、後半では、テキストマイニングをさまざまな課題に適用した事例を紹介する。

文章を科学する

李在鎬編　　定価 2,600 円＋税

言語教育への応用を目論んだ文章の実証的研究。「文章とはなにか」という根本的な疑問から始まり、文章の計量的分析ツール「KH Coder」の作成者自身による実践を交えた解説ほか、文章研究の理論と技術を紹介。日本語学、日本語教育、英語教育、社会学、計算言語学、認知言語学、計量国語学の専門家がそれぞれの知見から、文章研究の新たな地平を拓く。
執筆者：李在鎬、石黒圭、伊集院郁子、河原大輔、久保圭、小林雄一郎、長谷部陽一郎、樋口耕一

ICT ×日本語教育　　情報通信技術を利用した日本語教育の理論と実践

當作靖彦監修　李在鎬編　　定価 3,000 円＋税

ICT を利用した日本語教育の研究と実践の事例を紹介。研究編、実践編、ツール・コンテンツ編の 3 つの柱で構成。研究編ではウェブツールを利用した日本語教育の全体図を示す論考を収録。実践編では反転授業や仮想現実を取り入れた授業実践の具体例を紹介。ツール・コンテンツ編では ICT を利用した日本語テスト、学習支援アプリ、e ラーニングの開発プロセスを紹介。理論と実践の両面から情報通信技術を利用した新しい日本語教育を提案する。